Der Westerwald ist die Heimat Hanns-Josef Ortheils, die uns in seinen Romanen, Reisebeschreibungen und Essays immer wieder begegnet. Es ist die »Urlandschaft seines Lebens«, die ihn geprägt hat.

In diesem Band lädt er ein, »den Westerwald zu erkunden und in all seinen Nuancen zu erleben! Eine Region, die nicht mit großen Städten auftrumpft, sondern mit versteckt und abseits gelegenen Orten und weiten Wald- und Wiesenregionen, in denen man kaum einem Menschen begegnet!« Er erzählt von seiner lebenslangen Anhänglichkeit an die ländliche Gegend und porträtiert seine kleinen, ganz persönlichen Oasen. Wir besuchen mit ihm sein Heimatdorf Wissen an der Sieg, erkunden seine Lieblingsgegenden im Westerwald und umwandern die Abtei Marienstatt.

Hanns-Josef Ortheil wurde 1951 in Köln geboren. Er ist Schriftsteller, Pianist und Professor für Kreatives Schreiben und Kulturjournalismus an der Universität Hildesheim. Sein umfangreiches literarisches Werk wurde mit vielen Preisen ausgezeichnet. Seine ersten Texte schrieb er unter Anleitung seines Vaters in der elterlichen Heimat des Westerwaldes, seiner »Urlandschaft«. Noch immer zieht er sich in sein dortiges Elternhaus häufig zum Schreiben zurück.

Im insel taschenbuch liegen von ihm außerdem vor:
Wie ich Klavierspielen lernte (it 4812); *Paris, links der Seine* (it 4709); *Venedig. Eine Verführung* (it 4482); *Rom. Eine Ekstase* (it 4060)

insel taschenbuch 4909

Hanns-Josef Ortheil

Unterwegs im Westerwald

Hanns-Josef Ortheil

UNTERWEGS IM WESTERWALD

Mit Fotografien von August Sander

Insel

Die Erstausgabe erschien unter dem Titel *Im Westerwald* bei der Dieterich'schen Verlagsbuchhandlung Mainz, 2019. In der vorliegenden erweiterten Neuausgabe werden die folgenden Kapitel erstmals abgedruckt: Zu Fuß unterwegs; Mit dem Rad unterwegs; Das Landschaftsmuseum Westerwald; Wäller Platt 1–3; Die SALA ORTHEIL

Dieses Buch wurde klimaneutral produziert.

Klimaneutral
Druckprodukt
ClimatePartner.com/14438-2110-1001

Erste Auflage 2022
insel taschenbuch 4909

Umschlaggestaltung: Designbüro Lübbeke, Naumann, Thoben, Köln
Umschlagfoto: Hanns-Josef Ortheil, Stuttgart
Satz: de Jong Typografie, Essen
Druck: CPI books GmbH, Leck
Printed in Germany
ISBN 978-3-458-68209-7

www.insel-verlag.de

Im Westerwald (und damit auf dem Land) sowie in Köln (und damit in der Stadt) bin ich zugleich groß geworden. Der Westerwald war die Heimat meiner Eltern und die beider Großeltern, in deren Häusern ich in den ersten Jahren meines Lebens gelebt und übernachtet habe. In den späten fünfziger Jahren haben sich meine Eltern dann ein eigenes kleines Haus in einem hoch gelegenen Waldgelände ganz in der Nähe der beiden Großelternhäuser gebaut, in dem wir uns von da an viele Monate des Jahres aufhielten. Noch heute wohne ich, so oft es irgendwie möglich ist, in diesem Zuhause, es ist ein idealer Raum, um in Ruhe schreiben und arbeiten zu können.

Bald bin ich daher seit beachtlichen siebzig Jahren mit dem Westerwald vertraut. Dadurch ist er so etwas wie »die Urlandschaft meines Lebens« geworden. Über mehrere Generationen habe ich die historischen Veränderungen in ihr hautnah und direkt erlebt und davon in Romanen, Erzählungen und Essays (wie etwa »Hecke«, »Die Erfindung des Lebens« und »Der Stift und das Papier«) erzählt. Im Zentrum dieser Bücher steht die Stadt Wissen an der Sieg, in der viele meiner Verwandten geboren wurden und noch heute leben. Vom westlich gelegenen Köln ist sie über die Siegstrecke in etwa einer Stunde mit der Bahn zu erreichen. Von Osten braucht man von Siegen mit dem Zug sogar nur eine halbe Stunde.

Meine »Urheimat« ist also, genauer gesagt, das Siegerland und, daran anschließend, der nördliche Westerwald. Nach den Schuljahren bin ich von dort aus für einige Zeit nach Rom aufgebrochen, wohin es mich nach einem Stipendienjahr (als junger Pianist) auch später immer wieder längere Zeit verschlagen hat. Neben langen Auslandsaufenthalten in Frankreich und vor allem Italien habe ich in Mainz, Stuttgart und Köln gelebt, in den Ferien- und Festtagswochen aber weiter Jahr für Jahr im Westerwald. Mit der Zeit bin ich dadurch zu einem Menschen geworden, der diese Landschaft mitsamt ihren Bewohnern und Mentalitäten als seine eigentliche Heimat erkannt hat.

Über diesen Typus der »ersten Heimat« habe ich in den letzten Jahren immer häufiger nachgedacht. Gemeint ist damit jener Raum, auf den wir uns während unseres ganzen Lebens denkend und empfindend beziehen. Es ist der prägende Raum der frühsten Begegnungen mit den Menschen und Dingen, die für unser weiteres Dasein zentral und bestimmend werden. In ihm lernen wir, unsere Umgebung genauer zu benennen und sie bis ins letzte charakteristische Detail wahrzunehmen. Seine Gerüche, Farben, Wärmegrade und Klänge, seine Speisen und Getränke begleiten uns daher ein Leben lang. Manchmal mobilisiert unsere Erinnerung sie auch in der Fremde, und wir sehen Bilder und Szenen der »ersten Heimat« vor dem inneren Auge. Das geschieht vor allem in jenen Momenten, in denen uns das Heimweh nach den Ursprungsgefilden überfällt und wir deutlich spüren, dass wir ihre Grenzen im Grunde nie ganz verlassen haben.

In diesem Buch habe ich viele solcher Bilder und Szenen aus meinen bisherigen Büchern zusammengestellt und um neue, noch nicht veröffentlichte Texte erweitert. Entstanden ist eine Art »Bilderbogen«, der, von dem Ort

Wissen an der Sieg ausgehend, Augenblicke meines Kinder- und Jugendlebens aneinanderreiht. Auf diese Weise skizziere und entwerfe ich meine »westerwäldische Biografie« und damit die der frühsten Orte, Menschen, Lebewesen und Dinge, an denen ich bis heute mit einer mir oft selbst unerklärlichen Treue hänge. Mögen die Leserinnen und Leser diese Anhänglichkeit (so wie ich) als jenen außergewöhnlichen Schatz von Empfindungen und Erinnerungen wahrnehmen, der ein Leben letztlich ausmachen kann.

Im zweiten Teil des Buches stelle ich Orte und Fotografien vor, die ich als »Konzentrate des Westerwaldes« verstehe. Bei den Orten handelt es sich um kleine Oasen, die ich besonders häufig aufgesucht und an denen ich, schlicht gesagt, eine große Freude habe. Jeder hat etwas für den Westerwald Spezifisches und spiegelt Eigenheiten seiner Bewohner. Bei den Fotografien wiederum handelt es sich um Arbeiten des bedeutenden Westerwald-Fotografen August Sander, der schon früh ein Vorbild für eine Figur in einem meiner Romane war. Bis heute habe ich seine Fotografien immer wieder betrachtet und studiert und in ihnen die alten, traditionellen Konturen einer westerwäldischen Gestik erkannt, die sich teilweise bis heute erhalten haben. In diesem Sinn sind seine Aufnahmen zeitlose Ikonen, die das besondere Lebensgefühl sowie das Denken und Handeln des westerwäldischen Raumes bewahren.

Dieser Band schließt mit einem Rückblick auf das, was den Westerwald ausmacht, und einem Ausblick auf das, was ich noch von ihm erwarte. Zum Hintergrund haben solche Überlegungen nicht zuletzt den Wunsch, dieses Buch möge Teil einer westerwäldischen Ereignisgeschichte wer-

den, für die ich mich auch in Zukunft einsetzen möchte. In der »Sala Ortheil« (Wissen/Sieg, Mittelstraße 16) hat sie einen weiteren Raum für ihre Dinge, Bilder und Schriftgeschichten gefunden.

Hanns-Josef Ortheil
Stuttgart/Köln/Wissen an der Sieg
Im Frühjahr 2019/
Im Frühjahr 2021 (erweiterte Neuauflage)

Auf den ersten Blick ist Wissen an der Sieg ein Ort wie jeder andere im nördlichen Westerwald. Erst wenn man sich länger in ihm aufhält, erkennt man hinter dem neuen Regionalbahnhof einige langgestreckte Hallen, die auf seine besondere Vergangenheit verweisen.

Seit Beginn des zwanzigsten Jahrhunderts war Wissen nämlich ein bedeutender Industriestandort, in dem nacheinander große Werke mit zeitweise mehreren tausend Arbeitern entstanden. Der Eisenerzabbau entlang der Sieg führte zu Gründungen eines Weißblechwerks und eines späteren Kaltwalzwerks, die zu den größten Anlagen dieser Art in Europa gehörten. Sie wurden durch die »Hüttenwerke Siegerland AG« und die »Hoesch AG« betrieben, bis schließlich die »Krupp AG« sie übernahm. In den achtziger Jahren kam es durch die Stahlkrise zu einem Stellenabbau, die letzte Schicht am 30. Juni 1995 bedeutete das Ende einer industriellen Entwicklung, die fast ein Jahrhundert lang den Ort und die Stadt Wissen geprägt hatte.

Einige Zeit lag das Werksgelände brach, bis ein Glücksfall es wiederbelebte und aus ihm etwas Einzigartiges, Besonderes machte. Die »neue Zeit« begann mit dem Kauf und der Sanierung der Hallen durch die Spedition Bruchernseifer, die der Stadt Wissen die frühere Reparatur- und Ausbildungswerkstatt als Kulturstandort überließ. Entscheidend war in der Folge die große Eigeninitiative von Wissener Bürgerinnen und Bürgern, die mit Hilfe der Gründung eines »Arbeitskreises Kultur« Schritt für Schritt das Projekt eines »Kulturwerks« vorantrieben, in dem kulturelle Veranstaltungen aller Art stattfinden sollten.

*Am 16. Mai 2009 wurde das Kultur*WERK*wissen eröffnet – und ich erhielt die ehrenvolle Aufgabe, die Festrede zu halten. »Mein Traum von Wissen an der Sieg« wurde zu einer Hymne auf meine Kindheitsheimat, auf das Naturgelände an der Sieg, auf die Menschen, denen ich vor allem in der Kindheit begegnet war, und auf all jene Lieben, die nicht mehr am Leben waren (wie etwa mein zweiter Bruder, der im April 1945 nahe Wissen beim Einmarsch der Amerikaner durch Granaten der deutschen Artillerie ums Leben gekommen ist).*

Um der Rede eine utopische (und teilweise auch humoristische) Note zu geben, träumte ich nicht nur den Traum von einer Stadt, sondern erfand einen Ehrengast, den ich mir bei der Eröffnung gern als zweiten Festredner gewünscht hätte. Dabei dachte ich an den Bundespräsidenten, dessen Beitrag die außerordentliche Eigeninitiative der Wissener Bürgerinnen und Bürger hätte anerkennen und würdigen können.

*Nicht ahnen konnte ich, dass ich im Mai 2009 nur vorläufig »geträumt hatte«. Denn kurz vor dem zehnten Jubiläum des Kultur*WERK*wissen im Jahr 2019 kündigte sich zu aller Verblüffung und Überraschung tatsächlich der Bundespräsident (Frank-Walter Steinmeier mit seiner Frau Elke Büdenbender) an, um genau das zu tun, was ich mir bereits 2009 erhofft hatte. Staunend betrat er die große Halle und sang später das hohe Lied auf jene Bürgerinnen und Bürger, die in selbstloser Arbeit und in vielen Freizeitstunden all das hervorgebracht hatten, was heute weit über* *die Stadt ins Siegerland, die benachbarten Landkreise bis nach Köln ausstrahlt. Durch all diese Aktivitäten ist Wissen an der Sieg inzwischen zu einem der wichtigsten Kulturstandorte von Rheinland-Pfalz geworden.*

*Mein Traum hat sich also erfüllt, und ich bin stolz, beinahe in jedem Jahr im Kultur*WERK*wissen als Vortragender oder Lesender auftreten und meinen Beitrag zur neuen Wissener Industriekultur leisten zu können. Die Rede aus dem Jahr 2009 porträtiert meinen Kindheitsraum aus der Vogelflugperspektive und ist angelegt als eine erste Skizze, die ich in späteren Jahren einmal zu einer längeren Erzählung ausarbeiten möchte.*

Am frühen Nachmittag traf der Herr Bundespräsident in größter Geheimhaltung aus Berlin auf dem kleinen Flughafen von Katzwinkel ein und machte eine kurze Pause. Mit zwei Begleitern aus dem Präsidialamt, dem Redenschreiber und dem Persönlichen Referenten, zog er sich in die Flughafen-Gaststätte zurück.

Der Referent hatte mich informiert, ich solle draußen vor der Gaststätte warten, der Herr Bundespräsident schaue noch kurz über den Text der Rede, die er – unangekündigt, unverhofft, als unerwartet auftretender Überraschungsgast – zur Eröffnung des Wissener *Kulturwerks* halten werde. In spätestens einer halben Stunde sei er bereit, mich zu begrüßen und mit mir den Hubschrauber zu besteigen, für einen kurzen, informativen Rundflug über Wissen und seine Umgebung.

Nach knapp einer halben Stunde war es dann wirklich soweit, der Herr Bundespräsident erschien, in Begleitung seines Redenschreibers Sebastian Holtmann, zu dritt stiegen wir nach einer herzlichen gegenseitigen Begrüßung in den Hubschrauber, der auch sofort Richtung Wissen abhob.

»Na, lieber Herr Ortheil, dann legen Sie mal los«, sagte der Herr Bundespräsident, »informieren Sie mich über Wissen und alles, was dazu gehört, und Sie, lieber Holtmann, Sie spitzen bitte gut die Ohren, damit wir vielleicht noch diese oder jene Information in meine Rede einbauen können.«

»Ich bin ganz Ohr«, sagte Holtmann da sofort sehr beflissen und beugte sich demonstrativ etwas nach vorn, damit er mich, der ich neben dem Herrn Bundespräsidenten saß, besser verstehen konnte.

Der Hubschrauber flog sehr niedrig, er glitt wie ein großes, monströses Insekt über die dichten Wälder, schwirrte ein wenig in die Höhe und senkte sich nach Überwindung einiger Hügelkuppen langsam: Wissen an der Sieg lag jetzt genau unter uns, wir überkreisten es und schauten hinab.

»Alt-Wissen ist jetzt dort unten im Tal gut zu erkennen, man erkennt den halben Mond, den Kirchplatz an der katholischen Kirche, und das alte Terrain diesseits und jenseits der Siegbrücke, mit der *Alten Post* und dem Zollhaus«, begann ich, »die moderne Bebauung erstreckt sich dagegen auf Sieben Hügel, nach dem Vorbild der Sieben Hügel Roms.

Schauen Sie, Herr Bundespräsident, schauen Sie auf den Kucksberg, den Alserberg, Hohensayn, die Köttingerhöhe, den Steimel, Hunertskopf und die Blickhauser Höhe, und beachten Sie weiter, wie wiederum sieben Bäche und Flüsse von allen Seiten auf Wissen zuschießen: Der Brölbach, der Wisser Bach, die Nister, der Köttingsbach, der Selbach, der Elbbach, der Gotterbach. Durch all diese Bäche und Flüsse war das Wissener Land schon immer sehr fruchtbar, das alte Wort für Wissen deutet jedenfalls genau darauf hin, auf das Vorhandensein von reichlich Wasser und von gerodetem und für den Ackerbau genutztem Land: *Wisnerofanc* heißt das Gelände vor etwa elfhundert Jahren, zur Zeit der Karolinger.«

»Imponierend«, sagte da der Herr Bundespräsident und wandte sich erneut kurz nach hinten: »Holtmann, haben Sie das?«

»Ich notiere«, sagte Holtmann, »ich gebe mir Mühe, den Ausführungen von Herrn Ortheil zu folgen, Herr Bundespräsident.«

»Das wasserreiche und fruchtbare Wissener Land schmiegt sich landschaftlich reizvoll in einen Bogen der Sieg«, fuhr ich fort, »so dass es wegen seines hohen Alters und seiner schönen, von Hügeln bekränzten Lage auch *Die Perle des Siegerlandes* oder *Der Stern des nördlichen Westerwaldes* genannt wird. Die Lage im Siegbogen ist darüber hinaus eine erneute Parallele zur Lage Roms, denn auch Rom liegt ja bekanntlich im Bogen eines Flusses, jedenfalls drängt sich das historische Zentrum Roms in einen Bogen des Tibers und wird von ihm gerahmt und begrenzt.

Und wie die Römer sich auf den Höhen außerhalb

dieses Zentrums ihre Landvillen und Lustgärten bauten, so haben auch viele Wissener ihre Villen und Gärten auf den nahen Hügeln erbaut, ich nenne den Alserberg, die Köttingerhöhe, den Steimel, überall dort und auf vielen weiteren Höhen werden Sie prächtige Anwesen mit geräumigen Zimmern und einladenden Gärten finden, wo die Bewohner passioniert zu leben und zu feiern verstehen.

Was nun das Straßennetz und die geographische Lage in größerem Maßstab betrifft, so führen die weiten Wege nördlich ins Rheinland, nach Köln und zum Niederrhein, östlich nach Siegen, Marburg und Leipzig, südlich nach Frankfurt und westlich nach Bonn, Aachen, Paris. Die *Perle des Siegerlandes* ist also seit alters her eine Drehscheibe des Verkehrs, die seit dem Bau der Eisenbahnlinie in der Mitte des 19. Jahrhunderts ein bedeutender Industriestandort wurde.«

»Allerhand«, sagte da der Herr Bundespräsident, »das habe ich nicht vermutet. Und Sie, Holtmann, wussten Sie das, haben Sie das bei Ihren Recherchen bereits entdeckt?«

»Leider nein, Herr Bundespräsident«, antwortete Holtmann, sehr leise, »aber ich habe es jetzt Wort für Wort so notiert.«

»Seit uralten Tagen wurde in diesem Raum nämlich nach Eisenerz gegraben«, erzählte ich weiter, »von hier ging das gute Wissener Eisen in alle Welt, ja zeitweise waren die Transporte von hier derart zahlreich, dass der Bahnhof nicht ausreichte und ein eigener Güterbahnhof gebaut werden musste. Ende der zwanziger

Jahre gab es in Wissen und damit in einem Ort mit wenigen tausend Einwohnern die Alte Hütte, die Alfred-Hütte und ein Weißblechwalzwerk mit einem jährlichen Güterumschlag von beinahe 500 000 Tonnen ...«

»Unglaublich«, staunte der Herr Bundespräsident, »Wissen ist anscheinend ein Rarissimum, eine Seltenheit, etwas durch und durch Einzigartiges ...«

»Sie sagen es, Herr Bundespräsident«, antwortete ich, »und diese Einzigartigkeit war denn auch einer der Gründe dafür, dass die Stadt am 11. März 1945 aus beinahe siebzig US-Bombern von über 1000 Bomben getroffen wurde. Die frühen vierziger Jahre mit all ihren Luftangriffen und der Herrschaft des Nazi-Regimes waren die dunkelsten Zeiten der Stadt, von denen sie sich nur langsam wieder erholt hat.«

»Aber Sie, lieber Herr Ortheil, Sie haben diese Zeiten doch nicht erlebt, habe ich recht?« fragte der Herr Bundespräsident.

»Ich habe im April 1945 beim Einmarsch der Amerikaner meinen damals dreijährigen Bruder verloren«, antwortete ich, »geboren wurde ich aber erst sechs Jahre nach Kriegsende, ich habe meine Kindheit in den fünfziger Jahren in Wissen verbracht.«

Wir schwiegen, und der Hubschrauber kreiste noch etwas über der Stadt, als wollte er Luft holen und durchatmen wie wir.

»Was die für die heutige Zeit markanten Raum-Zeichen betrifft«, fuhr ich fort, »so erkennt man leicht den neuen Regio-Bahnhof mit seiner hochmodernen, futuristischen Architektur und die sich direkt anschließenden ehemaligen Walzwerkhallen, die heute zum einen von der Spedition Brucherseifer genutzt und zum anderen schon bald als Wissener *Kulturwerk* in die Geschichte eingehen werden.

Vom Wissener Bahnhof führt die Rathausstraße als Via direttissima durch den Ort, früher war sie als Kaiserallee einmal die Prachtstraße der Stadt, umsäumt von stattlichen Bürgerhäusern, Wirtschaften und Hotels, veredelt durch eine Allee regelmäßig gestutzter und damit nicht allzu hoher Bäume, die den gesamten Straßenraum zu einem auch ästhetischen Ereignis machten. Die prächtigen Häuser haben unter den Luftangriffen während des Zweiten Weltkriegs stark gelitten, und leider gibt es auch die Allee gepflegter Bäume nicht mehr. Die Wissener Bürger sind jedoch dabei, der Rathausstraße ihren besonderen Status als Flaniermeile der Stadt wieder zurückzugeben, auch das Pflanzen einer Allee wird gegenwärtig ins Auge gefasst.

Ist die Rathausstraße als Via direttissima eine Straße in der Art des römischen *Corso*, so markieren auf ihrer einen Seite die *Steinbuschanlage* die Grenze zum ansteigenden, die Markt- und die Mittelstraße aber die Zonen des absteigenden, zur Sieg hinführenden Geländes.

Die heute als anziehende Grünfläche gestaltete *Steinbuschanlage* war vor langer Zeit einmal der Friedhof der Stadt, ihr Name erinnert an den ehemaligen Wissener Pfarrer Anton Steinbusch, der viel für diesen Ort und seine Bewohner getan hat. Überhaupt spielen die Pfarrer und Pastoren in der Geschichte dieser Stadt eine große Rolle, ja, man könnte vielleicht sogar sagen, dass die Pfarrer und Pastoren die heimlichen Bürgermeister Wissens sind, auf jeden Fall haben und hatten sie großen Einfluss auf alles, was in dieser Stadt geschah.«

»Wo haben Sie selbst, lieber Herr Ortheil, denn als Kind in diesem illustren Wissener Gelände gewohnt?« fragte der Herr Bundespräsident.

»Als kleines Kind habe ich zunächst bei meinen Großeltern mütterlicherseits, dem Speditionskaufmann Carl Ewald Müller und seiner Frau, im innersten Bezirk der Stadt und damit in der Mittelstraße gewohnt. Ich erinnere mich noch gut, wie ich im Garten des großväterlichen Hauses in der Nähe der Wissener Kirche gespielt und Himbeeren geerntet habe, in einem kleinen Bezirk des Gartens gab es sogar Hühner und anderes Vogelgetier in hohen Volieren. Mein Großvater war ein Eindruck machender, eine große Firma mit Baumaterialien, Öl, Kohle und Saatgut leitender Mann, der sogar durchaus politische Gaben hatte, jedenfalls war er ein ausgezeichneter Redner und in politischen Debatten als scharfer Diskutant sehr gefürchtet.

Auch bei meinen Großeltern väterlicherseits habe ich mich als Kind häufig aufgehalten, und zwar auf dem schön im Nistertal, etwas abseits von Wissen gelegenen Hahnhof, der noch heute als Ausflugsgaststätte sehr geschätzt und von meinem Vetter Johannes zusammen mit seiner Familie nach allen Regeln der freundlichen rheinisch-westerwäldischen Gastronomie bewirtschaftet wird.

Ende der fünfziger Jahre des vergangenen Jahrhunderts aber haben sich meine Eltern dann ein eigenes Haus hoch oben auf dem Steimel, einem der höchsten der Sieben Hügel von Wissen, gebaut, das ich heute als Land- und Ferienhaus nutze und in dem ich an vielen meiner Bücher gearbeitet habe.

Der Steimel ist übrigens auch das Fest- und Lustgelände des Köttinger Männergesangvereins *Zufriedenheit*, der aufgrund seines meisterlichen Chorgesangs bereits mit vielen Preisen prämiert wurde, wie überhaupt das Wissener Gelände als ein einziges großes Fest- und Musikgelände betrachtet werden kann, wie es ein solches in ganz Deutschland kaum in vergleichbarem Maße gibt.

Wo in Deutschland nämlich findet man Musikkapellen von einem ähnlichen Niveau und langer Tradition, Feuerwehr- und Bergkapellen, Blasorchester aller Art, Gesangvereine und Knappenchöre – an sommerlichen Wochenenden schallt der mehrstimmige Gesang von Hügel zu Hügel, und aus den Wissener Tälern steigen die heißen Rhythmen zu so mancher festlichen Gelegenheit wie etwa dem Karneval, dem Schützenfest oder dem großen Jahrmarkt auf zum Himmel.

Bei solchen Gelegenheiten sollten Sie, lieber Herr Bundespräsident, einmal zugegen sein und die vorzüglichen, unnachahmlichen Wurstwaren der Wissener Metzger genießen und dazu etwas so typisch Wissenerisches kosten wie einen klassischen *Aerdepelspoffert* mit frischer Butter und Klatschkäs ...«

»Einen Moment, bitte«, sagte da Holtmann, der Redenschreiber, »ich verstehe nicht recht: Wie ist der Name der speziellen Köstlichkeit und um was handelt es sich dabei?«

»Ein *Aerdepelspoffert*, lieber Herr Holtmann«, entgegnete ich, »ist auf Hochdeutsch ein Kartoffelbrot. Jede der älteren Wissener Familien besitzt ein Geheimrezept für den Teig, es handelt sich dabei um eine spezielle Mischung von zerdrückten, geriebenen und durch die Mühle gedrehten gekochten Kartoffeln, die mit wenigen Gewürzen abgeschmeckt werden.

Wenn man das in über zwei Stunden gebackene Brot aus dem Ofen nimmt, duftet es ganz unglaublich und schimmert dazu in einem stark Rembrandtschen Goldbraun. Jeder, der so etwas Köstliches riecht und sieht, möchte am liebsten sofort darüber herfallen und zumindest das Knützchen kosten, das manchmal eine besonders dunkle Färbung hat und daher von ganz eigener Knusprigkeit ist.«

»Einen Moment, Herr Bundespräsident«, sagte da Holtmann, der Redenschreiber, »ich benötige ein paar Minuten, um das alles zu notieren.«

»Die seien Ihnen gewährt«, antwortete der Bundespräsident, »dann schweigen wir einen Moment, lieber Herr Ortheil, und kreisen mit dem Hubschrauber still über dem herrlichen Gelände des alten Rom, ach was, ich meine natürlich des altehrwürdigen Wissen an der Sieg …«

Auf einen Wink des Bundespräsidenten hin löste sich der Hubschrauber von seiner Flugbahn über dem Zentrum und flog über der im Sonnenlicht glänzenden Sieg auf Schloss Schönstein zu und weiter, über die Wälder, Wiesen und Felder hinauf zur Köttingerhöhe und über die Alte Eiche bei Paffrath hinweg hinunter zur Nister und zurück auf Wissen zu.

Der Herr Bundespräsident hatte sich näher zum Fenster gebeugt und betrachtete jetzt in Ruhe diesen leicht welligen Teppich der Hügel, Schluchten und Täler: das tiefe Breughel-Grün der Nadelwälder, die Cezannschen Gelb-Töne der Äcker, das Monetsche Silberblau von Nister und Sieg. Wie schön sind doch all diese Landschaften, in denen ich aufgewachsen bin, dachte ich, wie schön und verborgen, und dann schloss ich für einen Moment die Augen, weil die Erinnerung an die Kindheit und die fünfziger Jahre des vergangenen Jahrhunderts plötzlich so mächtig wurde und lauter Erinnerungsbilder hervor zauberte:

und ich saß im ersten Stock des Café *Olberz* und schaute hinunter auf die Rathausstraße, und mein Großvater, Carl Ewald Müller, kam unten gerade in Anzug und Weste vorbei und bog in die Mittelstraße ein, wo er sich vor Jahrzehnten sein Haus gebaut hatte, in dessen Parterre sich die *Kreissparkasse* mit ihren Büros befand und neben dem es bei *Engelberts* Spielsachen gab und besonders guten Käse und Porzellan …

und ich sah die Bahnhofsgaststätte und den großen Schankraum mit seinen Oberlichtern und die Kegelbahn, und neben dem Bahnhof die alten Gebäude der *Germania Brauerei* mit ihren Sudhäusern und dem hohen Schornstein und ganz in der Nähe die flachen Gewächshausdächer der Gärtnerei *Leonards* und das dunkle Karree der Steinbuschanlage und den *Nassauer Hof* und die *Bürgergesellschaft* und das Café *Süße Ecke* im Kreuztal und *Stocks* Wirtschaft am Marktplatz und den Gasthof *Zum Jägerheim* oben in Köttingen mit dem unvergesslichen Paul Orthen und *Zum Frankenthal* in der Nähe des Schönsteiner Schlosses und den einsam gelegenen *Hahnhof* mit meinem Onkel Hubert hinter der Theke und mit Kähnen auf der Nister und Fischreihern auf den Wiesen am Wehr, an die sich nach vielen Krümmungen des kleinen Flusses in einem helleren Talstück das Gelände der Gärtnerei *Zimmer* anschließt …

und all diese Eindrücke wurden so mächtig, dass ich auf einmal wieder zu murmeln und zu sprechen begann und von der Sattler- und Polsterei *Boketta* und dem Sanitätshaus *Krusenbaum* im Kreuztal flüsterte und von *Heckenbückers* Fahrschule, die gerade durch Wissen fährt, am alten *Film-Theater* vorbei und an *Krämers* Tabak- und Schreibwarengeschäft und weiter, am *Passage-Kaufhaus Becher* und der Buchhandlung von Johanna Oligschläger vorbei …

und während ich davon erzählte, sah ich *Reifenraths* Lädchen, wo wir Kinder Eis kauften und frische Sahne, und den Schreib- und Spielwarenladen von *Willy Tropartz* und *Gerhards* Obst- und Gemüse-Laden gegenüber dem Bahnhof und *Benders* Uhren- und *Heers* Schuhgeschäft und *Brabs* Apotheke und den Fotografen *Passerah* mit seinem großen Archiv Wissener Fotografien …

und ich sah die alte Kirche mit den Deckengemälden von Peter Hecker, den großen mächtigen Gott mit dem hinter seinem Mantel hervorlugenden Verführer in der weiten Apsis und die Alt-Wissener Szenen mit all ihren Schlotbaronen und Parteikämpfen an der Decke des Langhauses, zu der wir Kinder während des Gottesdienstes aufschauten …

und ich erkannte die ausgehobenen Erdmassen oben am Steimel und wie dort, nach Krieg, Tod und Verzweiflung, ein Einfamilienhaus entstand, inmitten der Wälder, mit einem Blick bis zum Rothaargebirge, ein Haus für die Übriggebliebenen, für meinen Vater, meine Mutter und mich, für meine Frau, für meine Kinder …

und so kam ich in der Gegenwart an und in dem, was in ihr noch besteht, und sah die Frau, die alles von Wissen weiß und sich an alles erinnert: Frau Alzen hinter den wunderbaren Kuchen und Torten in ihrer Bäckerei und Konditorei, Frau Alzen, die Mnemosyne der alten Wissener Geschichten …

»Stop!« rief da Sebastian Holtmann, der Redenschreiber des Herrn Bundespräsidenten, »Stop! Und entschuldigen Sie, aber ich komme einfach mit dem Notieren nicht mehr hinterher!«

»Aber Holtmann«, sagte da der Herr Bundespräsident, »bemerken Sie nicht, dass Sie gar nicht mehr zu notieren brauchen, weil es sich bei dem, was Herr Ortheil gerade beschwört, nicht um trockene Informationen handelt, sondern um ein Gedicht, ja um einen Hymnus?

Herr Ortheil hat gerade einen Hymnus auf Wissen vorgetragen, der sich beinahe so anhört wie ein Hymnus des amerikanischen Lyrikers Walt Whitman, wie ein Ausschnitt aus seinen *Grashalmen* hört es sich an, lieber Herr Ortheil, habe ich recht? *Was dehnt sich in dir ...? Was für Wogen und was für Erdreich? Was für Klimate? Was sind das hier für Städte und Dörfer? Wer sind diese Kinder? Einige beim Spiel, andere im Schlummer? Wer sind diese Mädchen? Wer diese Frauen? ...*

Hymnen, lieber Holtmann, werden gedichtet, wenn etwas Großes und Weites geschieht, so wie jetzt, wenn die Stadt Wissen die Eröffnung des *Kulturwerks* festlich begeht. Da handelt es sich um eine bedeutende, historische Stunde, und in einer solchen Stunde sollte man Hymniker sprechen und dichten lassen ...«

Der Hubschrauber machte jetzt kehrt und flog über die Hügelkuppen nach Katzwinkel zurück, und dann stiegen wir aus, und der Herr Bundespräsident verabschiedete sich:

»Lieber Herr Ortheil, seien Sie mir bitte nicht gram, wenn ich den Rückflug nach Berlin antrete und Ihnen das Lob und den Preis der Stadt Wissen und ihrer Neuschöpfung überlasse.

Richten Sie den Wissenern und all ihren Gästen aus, dass ich ihnen Glück wünsche und Gottes Segen und tragen Sie an meiner Stelle Ihren Hymnus vor, den Hymnus auf Wissens Geschichte und Gegenwart! Ich selbst nämlich könnte in meiner Rede nur trockene Fakten nennen und allerhand recherchiertes und angelesenes Zeug zum Besten geben, Sie aber haben mir eben bewiesen, dass die Geschichte und das Wohl einer Stadt nicht aus solchen Fakten, sondern aus starken Erlebnissen und großen Emotionen besteht.«

»Ich danke Ihnen, Herr Bundespräsident«, antwortete ich, »und ich werde tun, wie Sie empfehlen: Den Wissenern und ihren vielen Mitarbeitern an der großen Aufgabe des *Kulturwerks* alles nur erdenkliche Glück und Gottes Segen!«

Im »Traum von Wissen an der Sieg« und im Vorwort zu diesem Band habe ich schon einige Familien-, Raum- und Zeitlinien angedeutet, die mich mit dem Westerwald verbinden. Der folgende Text rafft diese Linien noch einmal übersichtlicher, in Form einer kleinen Chronik familiärer Art, zusammen.

So kann der Leser die topographischen Impulse genauer verstehen, die mein Schreiben über den Westerwald angeregt und beeinflusst haben: Da ist die Firma meines mütterlichen Großvaters, dessen Wohn- und Bürohaus sich im Zentrum von Wissen befand – und da ist die Gastwirtschaft meines väterlichen Großvaters etwas außerhalb von Wissen, am Flüsschen Nister. Beide Wohn- und Lebensareale sind noch immer im Besitz meiner Verwandten, so dass ich – wie in den Zeiten der Kindheit – Zugang zu ihnen habe und mich in ihnen aufhalten kann.

Das Hofgut »Hecke«, wo mein zweiter Bruder ums Leben gekommen ist, war für uns alle dagegen die Dunkelzone dieser Landschaften, von der wir großen Abstand gehalten haben. Meine Mutter hat diesen Raum nach dem Tod meines Bruders nie mehr betreten, und auch ich selbst habe es lange nicht geschafft, mich dorthin auf den Weg zu machen. In meinem Roman mit dem gleichnamigen Titel (erschienen 1983) lasse ich den Erzähler, einen Architekten, der in vielem eine gewisse Ähnlichkeit mit mir hat, die Strecke nach »Hecke« zurücklegen. In Wahrheit bin ich aber erst im Jahr 2001 in Begleitung eines Fernsehteams des ZDF, mit dem ich zusammen den Film

»Schrecken der Heimat. Westerwald« gedreht habe, wirklich dort gewesen.

Meine Eltern haben ein ganzes Leben gebraucht, den Tod ihrer vier ersten Söhne zu überwinden. Sicher hat meine eigene Geburt im Jahr 1951 dazu beigetragen, dafür die notwendige Kraft aufzubringen. Ein erstes Zeichen dieses Kraftschubs war Ende der fünfziger Jahre der Bau eines eigenen Hauses auf einer Waldhöhe bei Wissen. Dieses Haus hat mein Schreiben in all den letzten Jahrzehnten zusammengehalten. Es ist das einzige Haus in meinem Leben, in dem ich Jahr für Jahr lange Zeit verbracht habe: als Kind, als junger Mann – bis jetzt.

Ich wurde am 5. November 1951 in Köln geboren, meine Eltern wohnten damals im Norden der Stadt, in Köln-Nippes, am großen Erzbergerplatz, der heute wieder von alten, schön renovierten Mietshäusern aus den Jahren vor dem Ersten Weltkrieg umsäumt ist.

Köln war nicht die Heimatstadt meiner Eltern, aber es war die Stadt, in der sie sich zeitlebens am wohlsten fühlten. Mein Vater hatte nach dem Krieg, den er als Soldat miterlebt hatte, in Köln eine Anstellung bei der Bundesbahndirektion gefunden, von Beruf war er Geodät oder (altmodisch) »Landvermesser«. In den Diensten der Bahn vermaß er Strecken, berechnete Tunneldurchbrüche, entwarf Brücken, er hatte eine Leidenschaft fürs Detail, fürs Exakte, für die saubere Zeichnung, für Millimeterpapier, Zirkelkästen und gut gespitzte Bleistifte. Wenn ich ihn zeichnen müsste, sähe man ihn auf einem drehbaren, arm- und lehnlosen Schemel, vor einer großen weißen Tischplatte, die von einer tief hängenden Lampe angestrahlt wird. Vater beugt den Oberkörper über die Platte, die Zunge wischt nervös über die ausgeformte, dicke Unterlippe, der Zirkel kreist auf dem hauchdünnen Papier, das sich an beiden Seiten aufrollt. Es ist still, niemand stört ihn, es ist die Stunde der Geometrie.

Meine Eltern kamen aus dem Siegerland, aus einem kleinen Ort an der Sieg, kaum fünfzig Kilometer östlich von Köln. Siegerland, sage ich, aber ich müsste eigentlich sagen: nördlicher Westerwald, denn meine Eltern, besonders aber mein Vater, der mit seinen zehn Geschwistern auf einem großen Hof aufgewachsen war, verstanden sich als Westerwälder. Westerwälder – das sind die schwarz gekleideten, in sich gekehrten und landtreuen Menschen auf den Fotografien August Sanders, Bauern auf dem Sonntagsspaziergang zur Kirche, Frauen mit dunklen Kopftüchern, gezeichnet von vielen Geburten, Kinder, ängstlich und maulfaul, in einer dichten Traube um die auf zwei Stühlen thronenden Eltern versammelt. So existieren sie in meinen inneren Bildern als Gestalten der Vorzeit, als Gestalten der archaischen Gesten, des Heumachens, Brotbackens und Fischens, Gestalten der Jahreszeiten, fromm katholisch, die Männer oft mit breiter Stirn, störrisch, unbeirrbar, eine Sippe, die daheim blieb, jahrhundertelang, und nie aufgestört wurde von Eindringlingen oder Fremden.

Ech sän dehem, mir gohn ön det Feld, mir sän zäh wie ön Witt, ojoijo, dat es en Räkel, die es e Quissel un die an-

nere, die es e Zammel, ojoijo, mir bürschte de Kleirer, mir han Durscht, nä, wat is dat dann, wat sull das heesen, wüßt ich nur, wat dat wär, nä, nä, ojoijo ...

Die Eltern meiner Mutter waren Kaufleute und hatten, wie es hieß, »ein großes Geschäft«, anfangs Spedition, dann Baustoffe, Kohlen, Öl, und vor allem alles, was die Bauern brauchten, die mit schweinebeladenen Traktoren vorfuhren, um *de Säucher* zu wiegen. Die Eltern meines Vaters waren Bauern, der Hof lag an der Nister, einem Seitenflüsschen der Sieg, zum Hof gehörte eine Gastwirtschaft, die gibt es heute noch, und drinnen, hinter der Theke, da steht mein Vetter, der Johannes heißt wie ich, und verschränkt die Arme vor der Brust: *Na, wie geht et?*

Zwischen dem Hof meines Vaters und dem Elternhaus meiner Mutter, das im alten Teil des Ortes, nahe der Kirche, steht, sind meine Eltern, seit sie sich kennengelernt hatten, hin und her geeilt, meist zu Fuß oder auf Fahrrädern. Meine Mutter hat in der Gastwirtschaft ausgeholfen, und mein Vater saß sonntags am Mittagstisch seiner Schwiegereltern, dunkel gekleidet, der einzige Studierte weit und breit, seiner Passion nach aber ein Jäger, ein Forstmensch, witterungsabhängig, naturbesessen, einer, der die Natur geordnet sehen wollte, Bilder von der Natur, Tier- und Pflanzenbilder.

Sooft es ging, fuhren wir von Köln aus in den Westerwald, natürlich immer mit der Bahn, die berüchtigte, gewundene Siegstrecke, von Köln aus auf Siegen zu, wo Rubens zur Welt gekommen ist und wo in der hochgelegenen Burg noch einige seiner Bilder hängen, so weit weg und fern, so fremd all dieser Umgebung ringsum, dass man sofort weiß, er hat nie in Siegen gelebt.

Da, wo meine Eltern ihre Jugend verbracht haben, haben sie sich in den fünfziger Jahren ein Haus gebaut, gleich weit entfernt von beiden Elternhäusern. Lange Zeit war das Haus vermietet, solange wir, wie es hieß, »unterwegs«, in der Fremde waren.

Doch Anfang der siebziger Jahre haben sich meine Eltern wieder dort niedergelassen, von wo sie 1939, im Jahr des Kriegsbeginns, »in die Welt« aufgebrochen waren. Sie bezogen ihr Haus, sie waren wieder angekommen im warmen Kreis der Verwandten und Freunde, und an den Sonntagen ging mein Vater zu seiner elterlichen Gastwirtschaft, mit dem Spazierstock auf dem Asphalt den Weg taktierend, und wurde von seinem jüngeren Bruder, der damals den Hof betrieb, lakonisch begrüßt: *Na, wie geht et? – Gut, soweit alles in Ordnung*. Worauf sie sich hinsetzten, ein Bier tranken und schwiegen.

Manchmal denke ich, das Schweigen ist mir angeboren, dann bin ich ein Westerwälder. Man sitzt zusammen und schweigt, man schaut starr irgendwohin, aus dem Fenster, vor sich hin auf einen Fleck, es ist das charakteristische Grübeln der Bauern, eine Art Meditieren, ein Geltenlassen der Stille.

Ich war das fünfte Kind meiner Eltern. Meine Mutter hat außer mir noch vier Söhne geboren, doch als ich 1951 zur Welt kam, war keiner der vier mehr am Leben. Drei waren Stunden, Tage oder Wochen nach der Geburt gestorben, der erste in Berlin während eines Bombenangriffs, die beiden anderen nach dem Krieg, in Köln, als meine Mutter schon nicht mehr daran glaubte, dass eines ihrer Kinder am Leben blieb.

Denn die Lebenslinien unserer Familie, der meiner Eltern und meiner eigenen, sie haben einen fernen Fluchtpunkt, den 6. April 1945, den Tag, als mein zweiter Bruder, fast dreijährig, ums Lebens kam. Meine Mutter war damals kurz vor Kriegsende mit ihren nächsten Verwandten auf das Hofgut Hecke nahe bei Wissen geflüchtet, am frühen Morgen des 6. April besetzten die Amerikaner das Gut, das wenig später von der versteckt im Tal liegenden deutschen Artillerie beschossen wurde.

Als die Geschosse einschlugen, saß meine Mutter in der Küche und hatte meinen Bruder auf dem Schoß, ein Granatsplitter traf ihn am Hinterkopf, er war sofort tot, meine Mutter aber überlebte, verstört, ein in sich erstarrtes, zu Tode erschrockenes Bündel, das aufhörte, weiter an das Leben zu glauben.

Die beiden Söhne, die sie nach dem Krieg dennoch zur Welt brachte, starben, als wäre der Krieg noch nicht zu Ende, und auch als ich zur Welt kommen sollte (meine Mutter war inzwischen schon beinahe vierzig), rechnete niemand mit meinem Überleben.

Zum Zeitpunkt meiner Geburt war ich der Letzte und Erste zugleich. Ich war der Letzte einer ausgestorbenen Sippe, der Gemeinschaft meiner vier toten Brüder, von denen man erzählte, sie lebten im Himmel und blickten auf mich mit besonderer Freude. Und ich war der Erste, der meinen aus dem Himmel auf mich blickenden Brüdern zu beweisen hatte, dass sie weiterlebten in mir, dass sie wuchsen mit meinem Wachstum, dass ich sie wiedergebar.

DAS BÄUERLICHE LEBEN

Das bäuerliche Leben auf dem Hof meines väterlichen Großvaters hat in der Kindheit auf mich einen sehr starken Eindruck gemacht. Genauer lernte ich es erst kennen, als mein Vater mit mir noch im frühen Schulalter dort eine längere Zeit verbrachte, während meine Mutter in Köln zurückblieb. In diesen Wochen und Monaten erhielt ich Einblick in das ganz besondere Dasein inmitten eines großen Kreises von Verwandten, die alle zusammen einen Gasthof sowie die umliegenden Felder bewirtschafteten. Später habe ich auch die Vergangenheit dieses Lebens kennengelernt und erfahren, wie es »ganz früher« dort zuging.

Die folgenden Texte skizzieren zunächst dieses »frühere Leben« und kreisen dann um den Hof und die vielen Menschen, die ihn bewohnten. Das spirituelle Zentrum dieses bäuerlichen Lebens war die Dorfkirche von Wissen, deren Deckengemälde des Kölner Dommalers Peter Hecker ich in meinem Roman »Fermer« porträtiert habe. Zwei weitere Texte aus dem Roman »Die Erfindung des Lebens« vermitteln etwas von den Anstrengungen und ersten Erfahrungen, die ich als Kind von etwa sechs Jahren, das bis dahin die meiste Zeit eher zurückgezogen an der Seite der Mutter in einer stillen Kölner Stadtwohnung gelebt hatte, nach der Ankunft im Elternhaus meines Vaters auf dem Land machte. Langsam wuchs ich in die mir zuvor noch fremden Welten hinein und reihte mich ein in die Riten einer westerwäldischen Großfamilie, die sich meiner annahm.

Der Vater meines Vaters hat sich von seinem Bruder, dem das Sägewerk und die Kolonialwarenhandlung der Familie geblieben war, ausbezahlen lassen. Drei Höfe waren ihm für die fünfzigtausend Goldmark, die er erhielt, angeboten worden. Der Großvater hatte den *Hähner Hof* gewählt. Achtzig Morgen Land gehörten dazu, dann Ställe, die Scheune, das Wohnhaus, die Gastwirtschaft.

Während des Sommers reisten die Großbauern aus der Kölner Gegend an. Sie erhielten die schönen Betten im Gästehaus, sie machten Kahnpartien auf der Nister, sie ließen sich mit den Kutschen spazierenfahren. Nach der Geburt der ältesten Tochter kamen noch dreizehn Kinder zur Welt, drei starben früh, die anderen wuchsen in den engen Räumen über der Gastwirtschaft auf, jeweils vier in einem Zimmer und zwei in einem Bett. Die älteren übernahmen die Aufsicht über die jüngeren, halfen bei der Feldarbeit, bedienten in der Wirtschaft.

Als sie schulpflichtig waren, gingen sie frühmorgens in die Volksschule, über eine Stunde lang brauchten sie für den Weg, frierend, vom Regen durchnässt, kamen sie in ihren Holzschuhen an. Im einzigen Klassenzimmer wurden über fünfzig Schüler gleichzeitig unterrichtet. Die Hähner Kinder kamen für zehn Minuten vor den Ofen, mussten die Kleider zum Trocknen aufhängen, durften sich auf den Boden setzen. Gegen Mittag ging es zurück, eine weitere Stunde, laufend, durchs Grüntal. Die Mutter wartete auf Hilfe bei den vielen Arbeiten, die anfielen. Die Gäste wurden verpflegt, die große Küche stand unter Dampf, die Kühe wurde gefüttert und gemolken.

Alle drei bis vier Wochen rührten die Mädchen den Sauerteig; man ließ ihn gehen, die Männer mussten ihn kneten. Im Backes wurden die Brote bei großer Hitze gebacken; die Kinder hatten für die Schanzen zu sorgen, für Reisigbündel aus den Haubergen, für Äste und kleinere Stämme; in der Nachhitze wurde der Zimmetskuchen gebacken. Die Wirtschaft ging gut, aber man konnte an den Sommergästen nicht viel verdienen; lange blieb es bei 4,50 Mark am Tag. Im Herbst und Winter fehlten die Gäste. An den kältesten Tagen wurde geschlachtet, der Fleischbeschauer prüfte die Tiere, dann hingen sie einen ganzen Tag lang, an Leitern gebunden. Am Schlachttag waren die Bauern aus der Umgebung eingeladen; man spielte Karten, aß Wurstsuppe und ausgekochte Würste; die anderen Fleischstücke wurden in Holzbütten gepökelt; Würste und Speck kamen in die Räucherkammer. Die Mädchen strickten, manchmal tauchten Musikanten auf; der Vater spielte Klavier und rauchte Bielsteiner Strang-Tabak.

Am Heiligabend saß man in der großen Stube, bis das Beiern begann und die dumpf klingenden Holzhammerschläge auf die Glocken der Kirche in der Stille der Täler verebbten. An den Herz-Jesu-Freitagen ging die Mutter zur Frühmesse ins Dorf, hin eine Stunde, zurück eine Stunde. Zur Fastenzeit kam kein Fleisch auf den Tisch, in der Karwoche wurden die Mahlzeiten knapper. Karfreitag flogen die Glocken fort, und die Stille reichte gegen Mittag über das ganze Land.

Im Frühjahr erschienen die ersten Gäste wieder, die Söhne wurden zum Fischen geschickt, der jüngste griff Aale, Forellen und Lachs mit bloßen Händen und tauchte unter die großen Felsbrocken, die von den Höhen herab ins Flussbett gedonnert waren; die anderen halfen mit Netzen und Haselnussstöcken nach, an denen Kupferdrahtschleifen befestigt waren.

Im Sommer liefen die älteren Burschen hinter den jungen Töchtern der Gäste her und gurrten wie Balzhähne aus den Sträuchern, bis jemand sie hervorkommandierte. Man brauchte jeden in der Wirtschaft, nur mein Vater fiel aus. Man schickte ihn auf die Rektoratsschule, dann auf das Gymnasium der Kreisstadt. Gegen 7 Uhr am Morgen fuhr er mit dem Fahrrad los, nahm den Zug, kam am Nachmittag erschöpft zurück; sein Mittagessen wurde im Backofen warmgehalten, er aß und musste hinaus auf die Weiden, um die Kühe zu hüten, Heu einzufahren, Krummet zu schneiden; er lernte verbissen, ließ sich Vokabeln abhören, notierte Passagen, die er im Zug auswendig lernen wollte. Niemand konnte ihm helfen, aber er hielt durch. Am Tag seines Abiturs küsste ihn die Mutter zum ersten Mal, seit er sich erinnern konnte.

In der Dorfkirche

Wie oft war er in der Kindheit in der alten Dorfkirche gewesen! Mit geschlossenen Augen hätte er sie finden können, hätte er jede Einzelheit wiederentdeckt! Die Frauen in grauen oder schwarzen Mänteln hatten sich sofort hingekniet, wenn sie in eine der schmalen Kirchenbänke gerutscht waren; sie mussten lange knien und eine ganze Zeit warten, bis sie auf ihrem Sitz Platz nehmen und zum ersten Mal verstohlen um sich schauen konnten, zu sehen, wer gekommen war und in welche Kleider es ihn verschlagen hatte. Die Männer aber waren schneller in den kühlen Kirchenraum gekommen; sie hatten verlegen in den Bänken geknickst und dabei nur flüchtig zum Altar aufgeschaut, um sich dann sofort zu setzen. Ihre Hüte hatten sie an kleinen, drehbaren Haken zwischen den Beinen aufgehängt, von wo diese bei allzu unvorsichtigen Bewegungen mit einem dumpfen Geräusch auf den Boden gefallen waren.

Die Gebetbücher voll von Heiligenbildern, auf deren Rückseiten die Namen der Toten standen, dazwischen die bekannten Lieder, zu jeder Jahreszeit dieselben; oft hatte er vor Langweile die Bilder an der Kirchendecke betrachten müssen. Sie waren zu Beginn des Jahrhunderts gemalt worden, und die Großeltern hatten sich noch an den Maler erinnert, der auf einem hohen Gerüst, auf dem Rücken liegend, die Gemälde begonnen hatte. Adam und Eva, die Arme schamhaft vor den Leib geschlagen, neben einem verkrüppelten Baum, die Erde voller Risse, aus denen Feuer loderte.

In der ausgemalten Apsis thronte der altväterliche Gott mit wehendem weißem Bart, die Rechte in der Höhe, auf einer Insel im unendlich erscheinenden Meer. Wie der Priester am Altar trug er ein Messgewand mit dem Lamm auf der Brust, in der Linken die Erdkugel. Hinter einem Zipfel des bunten Gewandes lugte der Verführer hervor, ganz in grau, wie eine nicht zu Ende geführte Skizze. Vor dem Thron waren im grün-blauen Wasser die Wellen nur schwach angedeutet; Engel schwammen in alle Richtungen davon, die Körper hoch emporgerichtet, segnend, Fackeln in den Händen. Zu beiden Seiten des Thrones aber standen Scharen der in weiße Gewänder gehüllten Propheten, Apostel und Bischöfe, eine unübersichtliche Zahl, die sich bis ins Mittelschiff verlor, von Regenbogen gestützt, die bis zur Taube reichten, die man vor dem goldenen Strahlengrund über dem Triumphbogen sehen konnte. Viele mussten beim Singen, die Köpfe hebend, zur Taube hinaufschauen, und da sie es seit ihrer Kindheit getan hatten, war die Frage, was man sich unter dem »heiligen Geist« vorzustellen habe, längst beantwortet.

In den Bänken musste man sich still verhalten und durfte nicht zur Seite blicken. Als Kind hatte er auf den Kniebänken gestanden, um über die hohen Köpfe der Erwachsenen zum von Kerzen erleuchteten Altar zu schauen. Von dort zogen am Sonntag Weihrauchwolken durchs Kirchenschiff.

Auf der Empore mühte sich der Chor, und erschrocken drehte man sich bei den ersten Tönen des Gesangs um, blickte zur Orgel, wurde ermahnt und hielt sich wieder still. In der Kindheit war die Kirche der Ort gewesen, in dem sich die Gerechtigkeit versteckt hatte. Nicht vor das Gericht im Amt gehörten die Verbrecher; sie gehörten in die Kirchenbänke, und indem sie dort knieten, konnte man ihre Schuld erkennen.

Ankunft auf dem Land

Vater und ich bezogen eines der fünf Fremdenzimmer im ersten Stock der Gastwirtschaft, die sonst vor allem von Ferien- und Wochenendgästen aus dem Rheinland belegt wurden. Aus dem einzigen Fenster hatten wir einen schönen Blick auf den Fluss, die großen Eichen und Buchen an seinem Ufer und das jenseitige, etwas ansteigende Wiesengelände mit Kühen und Pferden. Frühmorgens gingen wir vor dem Frühstück kurz ins Wasser, Vater schwamm einige Minuten, und ich ging zumindest bis zum Kopf ebenfalls hinein und machte einige Schwimmbewegungen. Danach wurde in der großen Küche an einem langen Tisch, auf dem sonst die Bestandteile der Mahlzeiten klein geschnitten und für das Kochen und Braten präpariert wurden, gefrühstückt.

Manchmal saßen bis zu zwanzig Personen an diesem Tisch, Geschwister meines Vaters, ihre Ehepartner, Mägde und Knechte, Küchenhilfen – trotz der vielen Personen war es aber die ruhigste Mahlzeit des Tages und für alle Anwesenden anscheinend ein großer Genuss. Fast alles, was sich auf dem Tisch befand, war nämlich auf dem Hof hergestellt worden, das Brot in dem kleinen Backes, der sich im flussnahen Teil des Gartens befand, die Wurst bei den Schlachtungen in den weiten Kellergewölben der Wirtschaft, der Honig, die Marmeladen, der Käse, die Butter – all das schmeckte kräftig und eigen und war einer der Gründe dafür, warum die Wirtschaft so gut besucht wurde.

Nach dem Frühstück gingen alle ihren Tätigkeiten nach, einige auf den Feldern, andere im Garten oder in der Küche. Vater ging meist mit aufs Feld und kam dann erst am Mittag wieder zurück, während ich ihn nicht begleitete, sondern mich an das Klavier setzte, das sich in einem Winkel eines Gastraums befand. Das Klavier hatte mein damals bereits verstorbener Großvater einmal gespielt, alle, die mich üben sahen, sagten mir das und erzählten von ihren Erinnerungen: Wie der meist gut gelaunte, lebenslustige ältere Mann mit seinem dunklen Schnauzer am Klavier gesessen und die Gäste unterhalten habe, stundenlang, ohne die Kenntnis einer einzigen Note.

Zwei oder drei Stunden übte auch ich jeden Morgen, ohne dass es jemanden störte. Am Morgen waren noch keine Gäste da, der Morgen war die Zeit der Vorbereitung der Mahlzeiten und der kleinen Reparaturen und Instandsetzungen im Haus und draußen, im Garten, zu all diesen Tätigkeiten passte mein Üben, auch dieses Üben war schließlich nichts anderes als eine

Vorbereitung und ein Training für Größeres. Und so arbeitete in der Früh die ganze Hofgemeinschaft, und ich hatte das Gefühl, meinen Teil zu dieser Arbeit beizusteuern. Dabei wurde ich nicht einfach nur geduldet, sondern wirklich gemocht, niemand sprach von meinen Problemen, und auch mein Vater machte keine großen Worte über die schulischen Vorgänge, die uns an diesen abgelegenen Ort geführt hatten.

Nach dem Üben ging ich hinab zum Fluss, ich schaute zu, wie die Kähne gesäubert und frisch gestrichen wurden, oder ich half im Garten, indem ich die Pflanzen begoss oder das Unkraut von den schmalen Gehwegen harkte. Im Grunde gab es laufend irgendetwas zu tun, man brauchte keinen Moment zu überlegen, was genau, die Arbeit ergab sich von allein, indem man mir dieses oder jenes Gerät in die Hand drückte oder mich hinter den kleinen Tisch an der Kahnanlegestelle setzte, wo ich die Kasse verwaltete und den Gästen in einen Kahn half, ihnen die Ruder nachreichte und die Kähne ins Wasser schob, mit bloßen Füßen, die Hosen hochgekrempelt bis zu den Knien ...

Mein Gott! Die Erinnerung an diese ersten Tage in meinem Leben, die ich ohne meine Mutter verbrachte, stimmt mich noch heute wehmütig. Indem ich von ihnen erzähle, entstehen vor meinem inneren Auge Bilder von so großer und nachhaltiger Schönheit, dass sie mir vorkommen wie Bilder von Claude Monet: Die langen Pappelalleen entlang des Flusses mit den hellgrün blitzenden und sich im Wind drehenden Blättern, die Raubvögel hoch oben auf den Baumspitzen entlang der Straße, die unvermutet hinab aufs Feld stießen und sich dort eine Maus schnappten, die schweren Gänse, die sich jeden Mittag am Wehr zeigten und sich später im Schilf versteckten ... – endlos könnte ich in der Aufzählung und Beschreibung solcher Bilder fortfahren, die in der Erinnerung etwas Weites und Strahlendes haben, ohne jede Beimischung von Trauer oder Unbehagen.

Leben auf dem Land

Der erste Schritt, den Vater instinktiv an den Anfang meines Lernprogramms gestellt hatte, bestand darin, mich von der Mutter und dem einsamen Leben mit ihr zu trennen und in eine Gemeinschaft zu versetzen, in der ich kleine Aufgaben hatte. Das Leben in dieser Gemeinschaft unterlag bestimmten Regeln und vor allem Rhythmen, die den Tag gliederten und mich aus der passiven Lethargie meiner Kölner Tage herausrissen. So wurden die Mahlzeiten immer zu denselben Zeiten eingenommen und großer Wert darauf gelegt, dass alle auf dem Hof an diesen Mahlzeiten teilnahmen, und so wurden beinahe täglich die kleinen Pflichten und Aufgaben abgesprochen und genau vereinbart, wer nun wem bei diesen Aufgaben half und wann sie zu erledigen waren.

Die Leitung all dieser Tätigkeiten hatte dabei der älteste Bruder meines Vaters, der in den frühsten Morgenstunden als erster in der Wirtschaft war und alle Planungen im Auge hatte. Er sagte, was als nächstes zu tun war und er machte das so geschickt, dass niemand das Gefühl hatte, unter einem strengen Regiment zu leben oder harten Befehlen Folge leisten zu müssen. Die meisten Anweisungen wurden vielmehr zunächst in die Form einer Frage gekleidet: *Könntest du nicht ..., wäre es nicht gut?* Was darauf folgte, waren kurze Absprachen darüber, wie man an eine Sache herangehen sollte, allein, zu zweit oder mit mehreren, je nachdem, was gerade zu tun war.

Ich habe während all dieser Tage bei keinem der auf dem Hof und in der Wirtschaft Arbeitenden auch nur einen Anflug von Gegenwehr oder Ablehnung, ja nicht einmal eine Spur von Unlust bemerkt. Man machte sich keine langen Gedanken, nein, man grübelte überhaupt nicht über dies und das, sondern ging an die Arbeit und sorgte dafür, dass sie rasch getan wurde.

Diese Einstellung wirkte auf mich sehr befreiend. Hatte ich früher unendlich viel Zeit zum Nachdenken gehabt, so kam ich jetzt nicht einmal mehr dazu, mir zu überlegen, was ich gern oder weniger gern tun würde. Außerdem waren den ganzen Tag lang ununterbrochen Menschen um mich herum, auf deren Gesten, Handreichungen und sonstige Zeichen ich reagieren musste. Ich konnte nicht lange nachdenken, wie mir dies oder jenes gefiel oder was ich lieber tun würde – so etwas war jetzt unmöglich, und ich hätte mich damit auch nur lächerlich gemacht. Ruhig und konzentriert eine bestimmte Arbeit zu tun – darum ging es jetzt und nur darum, auch mein Klavierüben wurde als eine solche Arbeit betrachtet, denn sie sorgte in der Gastwirtschaft und ihrer Umgebung für gute Laune.

All das aber gehörte, wie schon gesagt, lediglich zum ersten Schritt des Programms, das Vater im Kopf hatte. Als er beobachtete, dass sein Programm anschlug und ich durchaus willens war, etwas zu tun und mich in die Gemeinschaft einzugliedern, war er zwar noch nicht zufrieden, wohl aber erleichtert. Ich sah ihm an, dass er manchmal nach mir schaute, dabei blieb er aber auf Distanz und kam nur selten zu mir, um sich mit mir zu unterhalten, vielmehr betrachtete er mich aus größerer Entfernung, als wollte er das Bild des arbeitenden Kindes auf sich wirken lassen und in Ruhe herausbekommen, wie es mir ging.

Der Eindruck, den ich dabei machte, war, wie man mir später einmal erzählte, der einer raschen Genesung. Von Tag zu Tag verschwand ein wenig mehr von dem blassen, dünnen und so überaus furchtsamen Kind, das sich in Köln keinen einzigen Schritt von den vorgesehenen Wegen entfernt und letztlich doch immer nur das Zuhause der Wohnung im Kopf gehabt hatte. Dieses blasse Kind bekam Farbe und legte seine Vermummungen allmählich ab.

Schon das Arbeiten im Unterhemd bedeutete eine Befreiung – weg mit all den Stoffen, Bekleidungen und

Überkleidern, die mir Mutter aus lauter Angst vor einer Grippe oder einer anderen Erkrankung früher angezogen hatte. Unten am Fluss konnte ich mich an warmen Tagen sogar mit freiem Oberkörper herumtreiben, so dass dieser lange wie gelähmt wirkende Körper endlich auch mehr Beweglichkeit und Kontur erhielt. Zusammen mit den anderen körperlichen Anstrengungen, die mich nachts gut und tief schlafen ließen, war die dauernde Bewegung im Freien der Grund dafür, dass ich meinen Körper endlich spürte. Er war nicht mehr nur ein verquerer Bau aus ungelenken Knochen, der mit Armen und Händen dann und wann ein wenig Musik hervor brachte, sondern eine zusammenhängende Gestalt, von der im Verlauf eines Tages der Einsatz sämtlicher Glieder verlangt wurde.

Kein Wunder also, dass ich kräftiger und schneller wurde. Vor allem die beinahe von Tag zu Tag zunehmende Schnelligkeit ließ mich selbst manchmal erstaunen, konnte ich doch leicht erkennen, um wie viel rascher ich bestimmte Wege plötzlich zurücklegte. Das schnelle Laufen am Fluss entlang oder die Wiesen hinauf auf die hügeligen Anhöhen in der Ferne erlebte ich mit wachsender Euphorie, nie hatte ich mir früher vorstellen können, dass pures Laufen eine solche Freude machen konnte.

Hinzu kam das Reiten. In Köln hatte ich immer nur zusammen mit einem Jockey reiten dürfen, wobei es mir am Ende beinahe so vorgekommen war, als traute man mir wohl niemals zu, einmal allein in einen Sattel zu steigen. Die schnellen Ritte auf der Galopprennbahn hatten eher wie Zirkus-Kunststücke oder wie Unterhaltungsprogramme für einen Beschränkten gewirkt und meist auch höchstens eine halbe Stunde gedauert. Danach hatte ich wieder einmal zuschauen dürfen, zuschauen, wie das Training verlief, oder zuhören, wie sich die Reiter über ihre Pferde unterhielten. So war ich auf der Rennbahn nichts anderes gewesen als eine pittoreske Figur am Rand oder ein Sozialfall, dem gegenüber man sich karitativ verhalten konnte. Wirklich ernst hatte mich niemand von all diesen Reitern und Pferdefreunden genommen, kein einziger hatte jemals daran gedacht, mich einmal allein auf ein Pferd zu setzen oder mit mir bestimmte Übungen zu machen.

Auf dem Hof jedoch war das anders, denn es war selbstverständlich, dass man auf Pferden zu den weiter entfernten Feldern oder Wiesen ritt. Das Reiten war weder eine Kunst noch ein Sport, es gehörte einfach zum Alltag. Alle paar Tage bewegte man die Tiere übers Land und ritt dabei immer in der Gruppe, mit den erfahrensten Reitern an der Spitze und am Ende. Selbst ein im Reiten unerfahrenes Kind wie ich brauchte man nicht lange darüber zu belehren, wie es sich verhalten sollte. Ich hatte dann und wann schon einmal auf dem Rücken eines Pferdes gesessen, umso besser, dann würde ich schon alles richtig machen.

Es waren diese Einfachheit und Geradlinigkeit, die mich damals stark beeindruckten. Sie nahmen mir das Nachdenken ab und machten mich mit meiner Umgebung vertraut. Ich arbeitete, ich rannte die Strecken in immer schnellerem Tempo, ich ritt stundenlang mit aus, ohne dass jemals etwas passierte – meine ganze Leidenschaft aber galt noch etwas anderem, das nicht so leicht zu lernen war und von dem ich mir doch ein besonderes Vergnügen versprach. Ich hatte mir nämlich in den Kopf gesetzt, so bald wie möglich schwimmen zu lernen.

Schwimmen konnten beinahe alle, die auf dem Hof und in der Gastwirtschaft arbeiteten. Am frühen Abend, wenn die Arbeit getan war, liefen die jüngeren Männer hinunter zum Fluss, entkleideten sich und badeten nackt, indem sie sich bis nahe ans Wehr treiben ließen und dort tauchten. Die Frauen schwammen in einem Flussstück weiter flussaufwärts und hielten sich später an einer schattigen Uferpartie auf, an der drei mächtige Eichen dicht nebeneinanderstanden. Am schönsten aber schien es zu sein, an einer schmalen Kehre des Flusses hinüber ans andere Ufer zu schwimmen und dort einen steilen Felsen bis zur Spitze hinauf zu klettern. Von dort oben konnte man in den Fluss springen, der an dieser Stelle recht tief war, es waren Sprünge aus fünf bis sechs Meter Höhe, die vor allem die älteren Jugendlichen sehr reizten und dann mit viel Geschrei verbunden waren.

Warum sollte ich nicht auch einmal von dort oben hinabspringen können? An den Abenden dachte ich vor dem Einschlafen oft daran und stellte mir vor, wie ich allein auf der Spitze des Felsens stehen und ohne weiteres Nachdenken herunterspringen würde. Dazu aber musste ich mir vorher das Schwimmen beigebracht haben, allein, ohne Hilfe, was sich im Grunde von selbst verstand, denn niemand in meiner Umgebung wäre wohl auf den Gedanken gekommen, sich eigens darum zu kümmern, dass ich schwimmen lernte.

Reiten, schwimmen, laufen, Gras mähen – das alles war auf dem Land ja nicht eigentlich eine Sache des Lernens, sondern des Anpackens. Man wurde auf ein Pferd gesetzt, ließ sich ins Wasser fallen oder nahm eine Sense in die Hand – irgendwann war man dann soweit, dass man so etwas beherrschte. Deshalb war es am besten, einfach an jedem Abend mit in den Fluss zu springen und dann im Wasser ein Stück dicht am Ufer entlang zu gehen.

Ich duckte mich ins Wasser, ich versuchte, die Beine so zu bewegen, wie ich es bei den guten Schwimmern gesehen hatte, vorerst aber kam ich damit nicht weiter, sondern sank jedes Mal, wenn ich schwimmen wollte, wie ein Stein in die Tiefe.

SPRECHENLERNEN, LESENLERNEN, SCHREIBENLERNEN

Meine intensivsten Erfahrungen während der Kinderjahre im Westerwald haben damit zu tun, dass ich erst dort, auf dem Land, richtig sprechen und schreiben lernte. Im Alter von etwa vier Jahren hatte ich von einem auf den andern Tag ganz aufgehört zu reden und von da an ein Leben als mutistisches (stummes) Kind geführt. Erst im Verlauf des Aufenthaltes mit meinem Vater auf dem Gasthof seiner Eltern lernte ich durch die vielen Spaziergänge in der freien Natur allmählich auch die Worte und damit die genauen Bezeichnungen der Dinge kennen und dann auch benutzen. Davon erzählt der erste Text aus dem Roman »Die Erfindung des Lebens«.

Auf das Sprechenlernen folgte wenig später das Schreibenlernen. Ich übte es (wieder zusammen mit meinem Vater) Schritt für Schritt in seiner Jagdhütte, die sich direkt neben dem Wohnhaus befand, das sich meine Eltern im Westerwald gebaut hatten. Im zweiten Text, dem Anfang des Romans »Der Stift und das Papier«, sucht der Erzähler die Jagdhütte auf und erinnert sich aus einem Abstand von mehreren Jahrzehnten, wie sein Schreibunterricht genau an diesem Ort begann.

Erst durch das Sprechen- und Schreibenlernen wurde ich zu einem halbwegs »normalen« Kind, das Anschluss an andere Kinder fand, Freundschaften schloss und sich schließlich sogar gut auszudrücken wusste.

Viele Jahre später hat Vater mir gegenüber einmal zugegeben, dass sein sehr spärliches Sprechen und Reden in meinen ersten Kinderjahren ein schwerer Fehler gewesen sei. Im Grunde habe er mit der Mutter und mir ja immer nur das Nötigste gesprochen, dabei sei er doch der Einzige gewesen, der etwas Sprache in unseren Haushalt hätte bringen können. Er habe uns zwar durchaus dieses oder jenes mitgeteilt, nicht aber wirklich flüssig und viel gesprochen. Der Grund dafür sei gewesen, dass er einfach nicht auf den Gedanken gekommen sei, mit sich selbst zu sprechen. Dabei wäre genau das doch das Einfachste und für mich Richtigste gewesen: Wenn er ununterbrochen mit sich selbst gesprochen und mir dadurch nähergebracht hätte, was ihm gerade so durch den Kopf ging.

Dass er nicht laufend mit sich selbst gesprochen habe, sei andererseits aber leicht zu erklären. Auf dem Land gelte jeder, der laufend mit sich selbst spreche, als nicht ganz normal oder sogar als verrückt. Deshalb sei es für ihn ausgeschlossen gewesen, mit sich selbst zu sprechen, er habe so etwas einfach nicht gekonnt, ja er habe es, ganz im wörtlichen Sinn, einfach nicht über die Lippen gebracht.

Seit Vater und ich nun aber zusammen *die Landschaft studierten,* brachte er sehr wohl über die Lippen, was er zu alldem um uns herum zu sagen hatte. Heute vermute ich, dass er auf dieses Reden und Erklären durch seine Arbeit als Geodät sogar beinahe auf ideale Weise vorbereitet war. Ganz ähnlich nämlich wie im Umgang mit seinen Mitarbeitern und Gehilfen kam es darauf an, Menschen, die nicht auf dem Land und damit inmitten von Natur groß geworden waren, die Natur zu erklären. *Schau mal her …– das hier ist …–* so lauteten die Fundamentalsätze dieser Sprache, die alles in eine Sprachlehre mit unendlich vielen detaillierten Eintragungen, Geschichten und Redeweisen verwandelte.

Auf diese Weise ergänzten wir uns und arbeiteten die ganze Zeit eng zusammen, obwohl wir uns doch nicht so wie andere Menschen miteinander unterhalten konnten. Ich schaute genau hin und prägte mir die Details der Dinge ein, und Vater erklärte und erläuterte ununterbrochen.

Endlich lernte ich, dass all das, was uns umgab, nicht einfach *eine Landschaft* oder – noch viel allgemeiner – *die Natur* war, sondern dass Landschaft und Natur aus vielen kleinen Bezirken und Bereichen bestanden, in denen es jeweils nur ganz bestimmte Pflanzen, Bäume und Tiere gab. Die Pflanzen, Bäume und Tiere waren also nicht einfach willkürlich und grundlos an die Orte geraten, an denen sie sich befanden, sie standen vielmehr miteinander in enger Verbindung.

Die Entdeckung, dass die Welt um einen herum nicht einfach seit ewigen Zeiten so da ist, sondern in kleinste Bereiche zerfällt, die sich von anderen Bereichen unterscheiden und damit Eigenheiten aufweisen, die erst allmählich entstanden sind – diese Entdeckung machte ich während dieser Wanderungen und Spaziergänge mit meinem Vater zum ersten Mal.

Ich empfand diese Entdeckung als so aufregend, dass ich von den neuen Worten und all den Erklärungen gar nicht genug bekommen konnte. In meinem Kopf löste der frisch entdeckte Wissensstoff ein angenehmes, anhaltendes Kribbeln aus, das ich, sobald die Wissenszufuhr ausblieb, selbst zu erzeugen versuchte, indem ich die Augen schloss und mir einige besonders seltsam klingende Namen oder Worte im Stillen vorsagte.

Später hat mir Vater einmal einen kleinen Plan gezeigt, den ich damals auf dem Hof gezeichnet und auf dem ich beinahe seine gesamte Umgebung festgehalten habe. Dieser Plan bestand aus mehreren miteinander verklebten und auseinanderklappbaren Blättern und Seiten, auf denen eine kindliche, naive Hand mit den verschiedensten Buntfarben lauter kleine Reviere abgesteckt hatte. Es gab die Kahn-, Fischreiher-, Schwimm- und Fischreviere, es gab die Reviere der Auwälder in der Nähe meines Sees, es gab die Buchen- und Nadelbaumreviere, es gab Jagd-, Pferde- und Kühe-Reviere, und es gab, über den ganzen Plan verstreut und mit punktierten Linien verbunden, die Reviere der Raubvögel, die mehrere der anderen Reviere überflogen und beherrschten.

War schon ein solcher Plan für mein damaliges Alter eine besondere Leistung, so faszinieren mich heute noch mehr die Zeichnungen und Einträge in den schwarzen Kladden, bei denen ich deutlich sichtbar Vaters minutiösen Zeichnungen nachgeeifert habe. Natürlich konnte ich nicht so gut zeichnen wie er, natürlich sah alles, was ich skizzierte noch unbeholfen aus und war hier etwas zu dick aufgetragen und da noch etwas zu eckig und verschroben – wichtiger als diese Zeichenleistungen war, dass ich mir die Dinge um mich herum nicht mehr nur einprägte, sondern mir ihre besonderen Strukturen und Eigenheiten nun auch selbst erklären konnte. Hatte ich die Welt zuvor auf, wie man sagen könnte, blöde und einfache Weise als ein passives Medium erfasst, das alles aufsaugt, was man ihm vorsetzt, so begriff ich sie jetzt als eine Summe von kleinen Details, die zueinander gehörten.

Die Auwälder in der Nähe meines Sees zum Beispiel hatten einen weichen und lockeren, dunklen und oft feuchten Boden, der beinahe überall so dicht zugewachsen war, dass die grünen, niedrigen Pflanzen das herumliegende Unterholz überwucherten und an den Stämmen und Ästen der Bäume hinaufkletterten. Dieses Wuchern und Wachsen nannte Vater einen *Dschungel*, und er sagte weiter dazu, dass die Natur in einem solchen Dschungel *sich selbst überlassen* sei und deshalb *wild* wachse.

In meinen Augen brachte gerade dieses wilde Wachstum besondere Schönheiten hervor. Dazu gehörten die dichten Schlingsträucher, die sich in eleganten Spiralen an einem Stamm emporrankten oder auch der leicht und mühelos an jedem Baum in die Höhe kletternde Efeu, der an seinen Zweigen winzige Wurzeln ausbildete, mit denen er sich überall festklammern konnte. Besonders gut aber hatte ich mir den Namen der *Nachtschattengewächse* gemerkt, die in andere Büsche und niedrige Strauchpartien hineinwuchsen und sich dann allmählich so ausbreiteten, dass sie diese Büsche und Sträucher zudeckten.

Aronstab, Goldstern, Springkraut, Schneeball und *Geißblatt* – ich lernte lauter Worte, von denen ich mir nicht vorstellen konnte, dass auch die Kinder in der Schule sie bereits kannten. In meinen Augen waren es Worte, die genau zu den kleinen Zeichnungen passten, Worte also, die diese Zeichnungen nicht nur abbildeten, sondern zum Klingen brachten.

Manchmal näherte sich einer der Hofbewohner heimlich von hinten, wenn ich mit roten Ohren an meinem Gartentisch saß und meine *Hausaufgaben* machte. Dann beugte er sich vorsichtig über meine Schulter, so dass ich seinen Atem oder einen Windhauch spürte, und begann, leise einige der Worte zu entziffern und zu flüstern, die ich gerade aufgeschrieben hatte.

Ich weiß noch genau, wie sehr mich dieses Flüstern und Säuseln erregte, es war, als wäre ich ein Zauberer, der lauter geheime und fremde Wörter notierte, die den anderen nicht geläufig waren, dabei aber magische Wirkungen hatten. *Silberpappel* zum Beispiel war ein solches Wort, *Silberpappel* hörte ich über die Maßen gern, denn das Flüstern dieses Wortes löste bei mir einen Schauer aus, der vom Nacken den ganzen Rücken hinab bis zum Becken reichte.

Ich verhielt mich vollkommen regungslos, wenn ich ein solches Schauerwort hörte, ich tat nur noch so, als wollte ich weiterschreiben und als hörte ich nichts, und ich spitzte, wenn sich der Flüsterer wieder entfernt hatte, die Lippen, als könnte ich das geheimnisvolle Wort nachbilden und aussprechen.

Konnte ich? Konnte ich all diese Klänge und Laute etwa längst insgeheim nachsprechen? Nein, noch war es nicht soweit, noch immer war etwas in mir blockiert und gehemmt. Und doch geschah gerade etwas sehr Wichtiges: Mit jedem neuen Tag hörte ich die Sprache ein wenig mehr klingen. Es waren keine beliebigen Worte und Sätze, die ich zu hören bekam, sondern Worte, die zu den Dingen gehörten und daher eine unverwechselbare Klanggestalt hatten. Deshalb begann ich ja nun auch, bestimmte Worte zu mögen und sie im Stillen immer wieder zu wiederholen. *Nachtschattengewächse* und *Silberpappel* gehörten zu diesen magischen Worten, neben denen es noch die gewöhnlichen, die langweiligen und die verrückten Worte gab.

Ich hatte also damit begonnen, die Worte zu unterscheiden, und mit diesem Unterscheiden war der Anfang des Sprechens gemacht.

Schreibenlernen auf dem Land

Ich sitze in der Jagdhütte meines Vaters auf dem elterlichen Grundstück im Westerwald. Ich sitze auf einem einfachen, harten Stuhl ohne Seitenlehnen, vor mir ein kleiner, rechteckiger Tisch. Durch das schmale Fenster schaue ich in die ausgebreitete Weite der Landschaft, bis zu den Hügelformationen des Rothaargebirges. Auf meinem Tisch liegen sehr viele Stifte und Papier unterschiedlicher Formate. Ich muss mich entscheiden, welchen Stift und welches Papier ich jetzt zum Schreiben nehme. Es ist früh am Abend. Kurz schließe ich die Augen, dann entscheide ich mich: Ich beginne zu schreiben ..., plötzlich, von einem Moment auf den andern ... – bin ich wieder: *Das Kind, das schreibt ...*

Die Jagdhütte steht am Rand des großen Waldgrundstücks, auf dem sich meine Eltern etwa ein Jahrzehnt nach Kriegsende ein Haus gebaut haben. Lange Zeit hat sich nur mein Vater in dieser Hütte aufgehalten. Es gibt dort einige Regale, einen bequemen Sessel, ein Radio, viele Schallplatten und einen Plattenspieler. Für Vater war diese Hütte ein Rückzugsort, in dem er sich gern allein aufhielt. In den Regalen hatte er Zeitschriften zur Vermessungskunde und Bücher zu den Themen Natur, Wald, Jagd untergebracht. Beide Themengebiete gehörten für ihn eng zusammen. Sein Beruf als Geodät (Landvermesser) war, so gesehen, nur eine passende Umsetzung seines großen Interesses für alles, was sich in der Natur ereignete. Die einsamen Landschaften des Westerwaldes waren für solche Beobachtungen und Studien ein geradezu ideales Terrain. Er konnte dort tagelang unterwegs sein, ohne einem einzigen Menschen zu begegnen. Stattdessen traf er jedoch, wenn er geschickt, vorsichtig und möglichst geräuschlos durch die Wälder streifte, immer wieder auf einzelne Tiere oder Tiergruppen, die oft keinerlei Scheu zeigten. Seit seinen Kindertagen auf einem westerwäldischen Bauern- und Gasthof war mein Vater beobachtend und forschend in der Natur unterwegs. Am liebsten hätte er sich wohl ein Leben lang von frühmorgens bis in den Abend im Freien aufgehalten.

Ich selbst durfte die Jagdhütte betreten und mich dort aufhalten, als mein Vater begann, mich im Schreiben zu unterrichten.

Nach einiger Zeit wurde der Schreibunterricht meines Vaters anspruchsvoller. Er begleitete mich nicht mehr jedes Mal bei meinen Spaziergängen und Wegen in der Umgebung, sondern schickte mich manchmal auch los, um eigene Erfahrungen zu machen. Ich sollte ein Feldforscher werden, der sammelt, was die Menschen so reden und denken.

Längere Erkundungen dieser Art waren »Expeditionen«, bei denen wir genau auf das Vokabular achteten, das in der Umgebung benutzt wurde. Dadurch lernte ich, wie unterschiedlich sich die Menschen ausdrückten und wie jeder Einzelne Ausdrucksformen je nach seinem Charakter oder Typus gebrauchte.

Vater war ein strenger Kritiker und ließ nichts Phrasenhaftes durchgehen. Selbst ein bekanntes Gedicht Friedrich Schillers kritisierte er, weil er es nicht präzise genug fand. Die Präzision, die ihm in der Sprache vorschwebte, war die des Berufs, den er ausübte. Als Geodät hatte er bei seinen Zeichnungen und Dokumentationen einer Landschaft auf jeden Millimeter zu achten. Ähnlich sollte es auch mit der Sprache zugehen.

Am Ende unserer Forschungen lösten wir uns etwas von den Anlässen, und ich schrieb kurze Gedichte oder kleine Prosatexte, in denen ich gleichwohl Elemente der Umgebung einfing und porträtierte. Solche schriftlichen Übungen machten mir großes Vergnügen – und dabei ist es bis heute geblieben. Noch immer schreibe ich nämlich dann und wann einen kurzen Prosatext, in dem ich ein Moment der Umgebung einfange. Ich trete ihm »zunahe«, ich beobachte es genau, ich mache manchmal sogar ein Foto – und ich erkunde seine Erscheinung, seine Struktur und sein Leben in wenigen, komprimierten Zeilen.

Wovon die Menschen reden

Manchmal gehe ich mit Mama in das entfernt liegende Dorf zum Einkaufen. Dort wohnen auch meine Großeltern, es sind die Eltern von Mama. Mein Großpapa sitzt in dem großen Büro seiner Firma, dic Baustoffe, Heizöl und vielerlei Sachen für die Bauern der Umgebung verkauft. Und meine Großmama führt den Haushalt in dem alten Wohnhaus gleich nebenan und empfängt Mama und mich. Sie setzen sich in die Küche, und dann unterhalten sich Großmama und Mama und erzählen sich etwas. Ich aber sitze nebenan, im Wohnzimmer, meist in Großpapas Sessel und blättere in den Büchern, die auf dem kleinen Regal hinter dem Sessel liegen. Es sind Bücher aus der katholischen Leihbücherei, die Mama früher einmal geleitet hat und aus der sie jetzt noch immer Bücher für Großpapa ausleiht. Großpapa liest keine erfundenen Sachen, also keine Romane, Erzählungen oder Gedichte, sondern ausschließlich geschichtliche Bücher oder dicke Biografien.

Während ich in den Büchern blättere, bekomme ich manchmal ein paar Sätze von nebenan mit. Und dann höre ich Großmama nach mir rufen und zu mir sagen: »Hol uns doch in dem Schüsselchen ein paar Kugeln

Eis mit Sahne.« Sie steht auf und holt das Schüsselchen aus dem Küchenschrank und gibt es mir. Ich bekomme noch etwas Geld und gehe los. Der Laden des Eismanns ist nicht weit entfernt, er befindet sich im Bahnhof, ganz vorne am Eingang. Ich gehe hinein und überreiche das Schüsselchen und sage: »Ich möchte ein paar Kugeln Eis, Schokolade und Vanille.« Der Eismann schaut sich an, wie viel Geld ich dabeihabe, und dann rechnet er im Kopf aus, wie viele Kugeln ich dafür bekomme. Auf die Kugeln kommt noch ein kleiner Kranz Sahne, frisch aus der Spritztüte. Und dann verabschiede ich mich und trage das gefüllte Schüsselchen zurück in die Küche meiner Großmama, wo wir den Inhalt auf drei Teller verteilen und sofort essen.

Wir bleiben nicht ganz eine Stunde bei Großmama. Meistens gehe ich auch noch ins Esszimmer mit dem kleinen Erker und schaue hinab auf die Straße, wo sich manchmal ein paar Marktstände befinden. Im Esszimmer steht auch ein Klavier, und ich klappe es auf und spiele ein wenig darauf. Ich mag dieses Klavier aber nicht, es klingt nicht gut, sondern schepprig, und außerdem wackelt es, wenn ich die Tasten einmal etwas fester anschlage. Wenn ich ein wenig darauf gespielt habe, kommen meine Großmama und Mama hinzu, und jedes Mal sagt meine Großmama: »Wir müssen das Klavier unbedingt stimmen lassen.« Mama sagt auch, dass man das Klavier stimmen müsse und dann sagt sie, ich solle dieses oder jenes Stück spielen.

Dass ich dieses oder jenes Stück spielen soll, höre ich überhaupt nicht gern, es reizt mich richtig, ich mag nicht auf Abruf dieses oder jenes Stück spielen, ich mag das wirklich überhaupt nicht. Ich will zwar nicht dieses oder jenes Stück spielen, wohl aber Mama einen Gefallen tun. Und so spiele ich eben ein Stück, das ich selbst auswähle, und wenn ich es gespielt habe, fragt Mama, warum ich denn nicht dieses oder jenes Stück gespielt habe, das sie eben genannt habe. »Lass ihn doch, es war doch sehr schön«, sagt meine Großmama, und dann klappe ich den Deckel des Klaviers zu und stehe auf.

Mein Aufstehen wirkt wie ein Zeichen zum Aufbruch, und wirklich gehen Mama und ich danach dann einkaufen. Wir gehen in den Käseladen nebenan, wir gehen in eine Bäckerei, wir gehen in den Laden mit Zeitschriften und Zeitungen, wir gehen in einen Obst- und Gemüseladen, und wir gehen in eine Metzgerei, wo wir zusammen das Fleisch aussuchen, das in den nächsten Tagen gegessen werden soll.

Später ist wieder Schreibstunde, und Papa und ich überlegen weiter, was ich noch auf meine Tagesseite schreiben könnte. Davor aber fragt Papa, wie es im Dorf gewesen sei und wo wir uns überall aufgehalten hätten. Ich beginne mit unserem Aufenthalt bei der Großmama, da fragt Papa, was die Großmama denn so gesagt habe. Ich antworte, sie habe gesagt: »Hol uns doch in dem Schüsselchen ein paar Kugeln Eis mit Sahne.« Papa schaut mich an und sagt dazu nichts.

»Und was hat sie noch gesagt?« fragt er nach einer Pause. Ich antworte, sie habe gesagt: »Wir müssen das Klavier unbedingt stimmen lassen.« Und wieder schaut Papa mich an und sagt zunächst nichts. Dann aber reckt er sich plötzlich auf, grinst und sagt: »Das schreibst Du jetzt auf Deine Tagesseite.«

Ich verstehe ihn nicht, aber er erklärt mir, wie ich es machen soll. Und so schreibe ich auf meine Tagesseite: *Im Dorf 1. Großmama sagt: Hol uns doch in dem Schüsselchen ein paar Kugeln Eis mit Sahne.* Und: *Im Dorf 2. Großmama sagt: Wir müssen das Klavier unbedingt stimmen lassen.* Natürlich gibt es weitere Sätze, die ich behalten und aus dem Dorf mitgebracht habe. Ich frage Papa, ob ich sie auch auf die Seite schreiben soll. Und er antwortet: »Lass mal hören.« Und ich sage: »Die Frau im Bäckerladen hat gesagt: Heute haben wir auch frischen Puffert. Und der Metzger hat gefragt: Fleischwurst mit oder ohne Knoblauch? Und im Zeitschriftenladen hat die Frau hinter der Theke gesagt: Die Modezeitschriften werden auch immer dümmer.« Papa schaut mich wieder an, er schüttelt den Kopf, er wundert sich darüber, was ich alles an Sätzen behalten habe. Und dann sagt er, dass ich diese Sätze unbedingt auch auf die Tagesseite schreiben solle.

Weil die Tagesseite aber schon recht voll ist, legen wir eine »Seite 2« an. »Das machen wir jetzt aber nicht immer«, sagt Papa, »sondern nur manchmal, wenn Du viele Sätze gesammelt oder gehört hast.« Und dann schlägt er vor, dass ich neben die gesammelten und gehörten Sätze jeweils eine Zeichnung machen soll: Ein Brot (die Bäckerei), eine Fleischwurst (die Metzgerei), eine Zeitschrift (der Zeitschriftenladen). Weil er aber weiß, dass ich so etwas nicht zeichnen kann, durchsucht er den *Bildwörterbuch Duden* und legt zwischen die Seiten, wo sich ein Brot, eine Fleischwurst und eine Zeitschrift befinden, ein kleines Stück Papier. Und dann schreibe ich die gesammelten und gehörten Sätze untereinander und schlage später den *Bildwörterbuch Duden* da auf, wo die kleinen Papiere stecken, und zeichne sorgfältig ab.

Die Schreibstunde dauert diesmal länger als sonst. Plötzlich erscheint die Mama in der Tür und sagt, dass es nun aber wirklich genug sei. »Was macht Ihr denn die ganze Zeit?« Papa zeigt ihr, dass ich Sätze aus dem Dorf gesammelt und aufgeschrieben habe, aber Mama ist davon nicht besonders angetan. Sie sagt nichts dagegen, aber eben auch nichts dafür, sie schaut nur auf die Uhr und sagt, ich solle jetzt nach draußen, zum Spielen, gehen. Papa aber antwortet: »Spielen kann er noch lange genug. Erst machen wir das hier fertig.« Und dann dreht sich die Mama wortlos um und geht ins Wohnhaus zurück. Ich frage Papa, warum ich die Sätze aus dem Dorf eigentlich aufschreiben solle, da antwortet er, dass er mir in den nächsten Tagen zeigen und erklären werde, warum. Heute sei es dafür zu spät, ich solle nur noch rasch zu Ende schreiben, denn wir wollten die Mama nicht verärgern.

Ich schreibe dann noch zu Ende, und ich sehe, dass Papa danach sofort ins Wohnhaus geht, um mit Mama zu sprechen. Sicher erklärt er ihr, warum ich die gesammelten Sätze aufschreiben soll, er weiß so etwas ja ganz genau, während Mama das alles vielleicht gar nicht wissen will. Sie will eben, dass ich viel draußen bin (draußen, nicht drinnen). Auch das sagt sie immer wieder, ich kann es schon kaum noch hören. Wenn ich die Jagdhütte verlasse und nach draußen in den Wald gehe, höre ich sie sagen: »Spiel doch draußen, nicht drinnen.«

Als mir das einfällt, ist es wie während des Klavierspielens in Großmamas Haus. Ich will dort nicht das spielen, was Mama vorgeschlagen hat, und ich will hier nicht »draußen spielen«, sondern eigentlich lieber drinnen. Am liebsten würde ich aber nichts spielen, überhaupt gar nichts. Und so lege ich mich in den Wald, unter eine der dicken Buchen, und dann schaue ich an ihrem mächtigen Stamm entlang nach oben, wo sich die Äste verzweigen und die fetten Buchenblätter lange Kolonien und Trupps bilden.

Was würden die Buchen reden, wenn sie reden könnten? Was der Stamm und was die vielen fetten Blätter? Und reden die unteren Blätter etwas anderes als die oberen? Und was reden die ganz ganz oben, die den Himmel sehen können, während die meisten anderen ja immerzu im Dunkeln herumhängen und sich vielleicht furchtbar langweilen in diesem ewigen Dunkel?

Da fallen mir ein paar Sätze ein (oder zu), und ich höre sie: »Ich bin ein Buchenblatt aus der Mitte des Buchenbaums. In der Mitte ist das ewige Dunkel. Neben mir räkeln sich die anderen Buchenblätter aus der Mitte herum, es werden immer mehr, und wir haben hier kaum noch Platz. Den Blättern ganz oben geht es viel besser. Sie sehen den Himmel und haben immer etwas Neues zu sehen. Wir aber, die Blätter in der Mitte, bekommen keinen einzigen Sonnenstrahl ab und sehen immer dasselbe. Wir langweilen uns, aber es interessiert niemanden, dass wir uns langweilen. Die Buchenblätter aus der Mitte hört niemand, sie sind allen egal, und so hängen wir ein Leben lang herum und fallen dann ab, ohne jemals etwas von der Welt gesehen oder auf ihr erlebt zu haben.«

Ich öffne die Augen und schaue weiter den mächtigen Stamm entlang in die Höhe. Was habe ich da gerade gehört? Waren das nun meine Sätze? Oder können die Buchenblätter sprechen? Natürlich nicht, Blätter sprechen doch nicht. Andererseits: Woher kamen die Sätze, die ich doch gerade gehört (oder gelesen?) habe? Ich habe sie mir doch nicht ausgedacht, nein, sie kamen ja von selbst, ich brauchte nicht einmal nachzudenken. Ein Satz kam nach dem andern, als würde ich die Sätze nachsprechen oder ablesen, aber das war ja nicht so. Entstehen die Sätze in meinem Kopf? Aber woher kommen sie? Entstehen sie einfach von selbst? Aber wie? Und warum?

All diese Fragen machen mich unruhig. Ich stehe auf und halte mir die Ohren zu. Da höre ich die Sätze wieder von vorn: »Ich bin ein Buchenblatt aus der Mitte des Buchenbaums…« Ich schüttle den Kopf schnell nach beiden Seiten, als könnte ich die Sätze so anhalten oder loswerden – und wirklich kann ich sie anhalten. Plötzlich sind aber ganz andere Sätze da, Sätze, die ich im Dorf gehört habe: »Die Himbeeren sind jetzt besonders gut. Wollen Sie den Emmentaler am Stück oder geschnitten? Hier, die Scheibe Wurst, ist für den Jungen. Guten Appetit!«

Es wird immer schlimmer. Mir ist kalt, ich mag nicht mehr draußen bleiben. Ich laufe zurück ins Wohnhaus. Papa sitzt im Wohnzimmer und liest eine Zeitung, und Mama spielt Klavier. Ich gehe hinüber in das Klavierzimmer und lege mich auf das Sofa. Wenn Mama Klavier spielt, hören die fremden Stimmen auf mit dem Erzählen und Reden. Ich höre nur noch die Musik, jeden Ton, jeden Klang. Mama spielt etwas von Robert Schumann, Mama spielt das Stück *Von fremden Ländern und Menschen*.

Expeditionen in der Umgebung

Wir leben im Kölner Norden, aber wir leben ja auch im Westerwald. Zwischen beiden Wohnräumen fahren wir oft hin und her. Mit dem Zug (wir haben noch immer kein Auto, obwohl inzwischen sehr viele Leute ein Auto haben) fährt man nicht lange, höchstens eine Stunde.

Sind wir angekommen, gehen wir noch etwas zu Fuß, bis wir das einsam gelegene Haus auf der Höhe oberhalb der kleinen, westerwäldischen Stadt erreicht haben. In ihr wohnen viele Verwandte von Papa und Mama. Wir besuchen sie manchmal, und sie achten darauf, wen wir besuchen und wen als ersten oder als zweiten. Entsprechend freundlich sind sie dann zu uns. Besuchen wir jemand als dritten, nachdem wir schon zwei andere Verwandte besucht haben, sagt der dritte Verwandte: »Na endlich! Ich dachte, ihr mögt mich nicht mehr!« Hat er so etwas gesagt, muss man sehr laut werden und wie von Sinnen rufen: »Aber nää!! Wat en Quatsch!« Ruft man laut genug und tut man, als wäre man außer sich, lacht die Nummer 3 und beruhigt sich wieder. Besucht man sie aber häufiger als dritten Verwandten und manchmal aus Zeitmangel gar nicht, wird man später enterbt, auch wenn man einmal der Lieblingsverwandte von Nummer 3 war. (Im Westerwald gibt es noch klare Gesetze und Regeln.)

Ich habe die Idee, einmal ausführlicher über alle Verwandten zu schreiben: wie und wo sie wohnen, was sie gern essen, wie sie ihre Tage verbringen, was sie von Beruf machen (viele haben interessante Berufe und sind zum Beispiel Pfarrer oder Gastwirt oder Bauer oder Förster). Mama findet diese Idee gut und sagt, sie freue sich auf solche Texte, weil ich ein so »genaues Auge« habe. Dass ich das habe, sagt sie oft, immer wieder gefällt ihr ein Text wegen meines »genauen Auges«. Ich würde lieber mal auf andere Art von ihr gelobt werden, aber ihr fällt meist nur das Auge ein. Papa geht das auch schon auf die Nerven, und er macht sich über Mama lustig, indem er zu mir sagt, ich solle doch mein Auge wieder mal auf Genauigkeit hin polieren und etwas über den alten Bahnhof der kleinen westerwäldischen Stadt schreiben.

Papa möchte Texte über Verwandte nicht unbedingt lesen. Er sagt, er kenne die meisten seit ihrer Geburt und wisse fast alles über sie. Das genüge, und er brauche zu diesem Thema wirklich keine neuen Texte. Mama antwortet, sie wisse auch fast alles über ihre Verwandten, in meinen Texten erschienen sie aber »in einem anderen Licht«. Papa schüttelt darauf nur den Kopf und sagt: »Wahrscheinlich rückt das genaue Auge alles in ein anderes Licht. Nein danke!« Mama findet diesen Spott nicht passend und fragt zurück: »Worüber soll der Junge denn stattdessen schreiben? Vielleicht über die Kuhfladen auf den Wiesen bei P.«? Papa lacht nach solchen Fragen und antwortet: »Zum Beispiel. Ja.

Genau. Kuhfladen sind ein bedeutender Stoff für einen neuen Text. Ich kann mich nicht erinnern, jemals etwas Präzises darüber gelesen zu haben.«

Ich frage mich manchmal, ob er so etwas wirklich nur zum Scherz sagt oder nicht auch durchaus ernst meint. (Das weiß man in seinem Fall nicht immer genau.) In Köln kommt es jedenfalls häufig vor, dass wir uns während unserer Stadterkundungen Sachen anschauen, die sich sonst kein Mensch anschauen würde. Einmal haben wir einen Papierkorb halb geleert und aufgeschrieben, was sich darin befand: *Papierkorb. Ecke Neusser Straße/Schillstraße. Inhalt am ...* Und ein anderes Mal haben wir Einkäufer auf einem kleinen Markt bei uns um die Ecke befragt, was sie einkaufen, und das dann ebenfalls (ohne Namen zu nennen) aufgeschrieben. Den Kölner Norden haben wir so nach allen Richtungen, wie Papa sagt: »durchforstet«. Wir befragen Menschen, wir schauen uns jede Kleinigkeit an, wir haben den Kölner Norden mit der Zeit »immer besser im Griff« (wieder Papa). Die Natur in der Umgebung des Westerwälder Hauses bekommt man nicht so leicht in den Griff, das ist viel schwerer. Wir versuchen es, aber wie?

Sind wir in unserem Haus auf der Höhe angekommen, gehe ich meist sofort in die Jagdhütte und schreibe auf, was ich während der Zugfahrt gesehen und im Kopf behalten habe. Ein Großteil meiner Texte liegt jetzt in dieser Hütte auf den Regalen, exakt geordnet und mit

Themenschildchen versehen. Der andere Teil liegt in Köln, ebenfalls genau geordnet. Beide Teile wachsen um die Wette. Die Textstapel werden höher und höher, und wenn ich sehe, dass einer der Stapel lange Zeit nicht mit einem neuen Text bedient wurde, kümmere ich mich darum und schreibe rasch einen entsprechenden Text.

Die Zeit, in der ich mit Papa durch die Umgebung ging und notierte, was er mir zeigte, ist noch nicht vorbei, aber verändert hat sich doch einiges. Früher sind wir immer einige hundert Meter (oder noch mehr) gegangen und dann vor einer Einzelheit (einem Baum, einem Stück Zaun, einer Wiese, Blumen) stehen geblieben. Die haben wir uns genauer angeschaut, Papa hat sie gezeichnet und neben die Zeichnung das Wort geschrieben, das zu der Einzelheit gehört. Wenn wir jetzt zusammen durch die Umgebung gehen, besteht zwischen den Einzelheiten, die wir uns anschauen, nicht mehr eine so große Entfernung. Sie sind vielmehr eng zusammengerückt, ja, man könnte sagen: Die gesamte Umgebung besteht aus lauter Einzelheiten.

Papa nennt unsere Wege durch die Umgebung jetzt »Expeditionen«. Wenn wir zu einer solchen »Expedition« aufbrechen, habe ich meist einen Rucksack dabei. In diesem Rucksack befinden sich ein Block (DIN A5), Papierseiten in unterschiedlichen, kleineren Formaten, Blei- und Buntstifte sowie zwei Kugelschreiber (blau und schwarz), eine Lupe, ein Fernglas, ein Fotoapparat und das Zeichenbrett. Zusammen bilden all diese Dinge meine »Ausrüstung« (so nennt sie Papa). Mit einer Ausrüstung im Rucksack studieren Papa und ich die Natur und schreiben (nun nach ländlichen Vorgaben) im Freien.

Mama hänselt uns, wenn wir von einer Expedition zurückkommen und fragt: »Wie viele Meter habt Ihr denn heute geschafft?« Und Papa antwortet: »Drei Meter fünfzig, bei Gegenwind.« Es stimmt aber, wir kommen nur sehr langsam voran. Es gibt einfach zu viel zu sehen und zu beobachten, und ein Problem besteht darin, dass wir nicht für alles einen Namen haben. Selbst Papa weiß für manche Dinge (oder Sachverhalte) manchmal keinen Namen, dann stehen wir dumm herum und grübeln.

So sind wir zum Beispiel auf der schmalen Landstraße nach P. unterwegs und entdecken an einigen Baumstämmen auf der rechten Seite der Straße einige merkwürdige Schwämme. Es scheint so, als steckten sie ihren Schaft tief in den Baum hinein, das ist aber gar nicht der Fall. Sie kleben vielmehr am Baum und sehen aus... – ja, wie genau sehen sie aus? Es ist höllenschwer, das gut zu beschreiben, und ich muss mein »genaues Auge« wirklich sehr anstrengen. Ich notiere, dass sie aus Ringen bestehen. Diese Ringe sitzen dicht aufeinander, und der letzte, äußere wölbt sich nach oben oder nach unten. Fasst man sie an, denkt man sofort an Korken, wie sie sich im Hals der Weinflaschen befinden. Bestehen sie also aus Kork? Nein, nicht genau, es fühlt sich nur so an. Sind sie etwa aus Holz? Nein, das auch nicht. Es ist etwas dazwischen, jedenfalls sind diese Schwämme außen noch relativ weich und biegsam, innen aber verholzt. »Genauer« geht es einfach nicht.

Papa sagt, dass solche Schwämme dem Baum Saft entziehen und ihn langsam absterben lassen. Ich versuche, die Schwämme zu beseitigen, aber das klappt mit der bloßen Hand nicht. Sie brechen ab, ihre unteren Teile aber bleiben an der Rinde haften und saugen weiter. Ich nenne sie *Baumsaftsauger* und notiere, was mir aufgefallen ist, direkt neben dieser neuen Wortschöpfung.

Papa findet, wir sollten die halbe Natur mit neuen Wortschöpfungen ehren, denn solche besonderen Wörter könnten wir uns später besser merken als die bekannten. Ich halte das für einen guten Gedanken und empfinde die neuen Wortschöpfungen als so besonders, dass ich sie als Titel kurzer Gedichte verwende:

Baumsaftsauger
Befallen die Rinden
Der Bäume an der Landstraße nach P.
Sie bestehen aus
Kräftigen Ringen –
Kork, Holz, weiches Wachs.

Damit saugen und schlucken
Sie den Saft aller Bäume
Bis an deren Ende.

Papa liest das Gedicht mehrmals, es gefällt ihm, er nennt es »ein ordentliches Naturgedicht«. Danach aber fragt er, ob er dieses Gedicht (und vielleicht noch ein paar andere) einem Freund zeigen dürfe. Der Freund kommt auch aus dem Westerwald, versteht wie Papa viel von der Natur und arbeitet mit Papa für die Deutsche Bundesbahn im Fach Land- und Streckenvermessung.

Papa sagt, dass dieser Freund Gedichte lese, und er betont das ausdrücklich, weil Papa selbst fast überhaupt keine Gedichte liest. Irgendetwas in ihm, hat er einmal gesagt, sperre sich gegen das Lesen von Gedichten, er wisse auch nicht genau, was. Vielleicht liege es daran, dass er in der Schule viele sehr phrasenhafte Gedichte habe lesen müssen. Daneben habe es aber auch viele sehr gefühlsbetonte Gedichte gegeben. Beide Sorten von Gedichten finde er unerträglich, besonders aber das Phrasenhafte, denn das Phrasenhafte sei ein »Verbrechen am richtigen Sehen und Schauen«.

Ich frage, was er denn mit dem »Phrasenhaften« meine, und er antwortet: »Wenn man mit wässrigen oder sonstwie getrübten Augen über alles hinwegsieht und diese Sehschwäche mit großen Worten wie Freiheit, Freude oder auch Liebe ausgleichen will.« Ich möchte ein Beispiel hören, und Papa druckst ein wenig herum. Das Drucksen zeigt mir, dass er ein Beispiel im Kopf hat, es aber nicht nennen will. Ich sage genau das: »Du denkst an ein Beispiel und willst es nicht nennen. Warum nicht? Es ist doch nichts dabei.« Da aber antwortet Papa, doch, es sei eben etwas dabei, Musik sei dabei, denn ein wirklich großer Komponist habe das phrasenhaft durchhängende Gedicht einmal vertont und vom Phrasenhaften durch seine Vertonung befreit.

Ich sage, jetzt sei ich aber wirklich neugierig und er solle mich nicht so auf die Folter spannen. Da antwortet Papa, er denke an Friedrich Schillers Gedicht *An die Freude*. Und ich höre, wie Papa den Anfang dieses Gedichts aufsagt: *Freude, schöner Götterfunken, / Tochter aus Elysium, / Wir betreten feuertrunken / Himmlische, Dein Heiligtum. / Deine Zauber binden wieder / Was der Mode Schwert geteilt, / Bettler werden Fürstenbrüder, / Wo dein sanfter Flügel weilt.*

Nach einem Moment Pause sagt Papa diesen Anfang noch einmal auf, jetzt nur etwas langsamer. Und er fragt: »Erkennst Du die Phrasen?« Nein, ich erkenne keine einzige Phrase. Da sagt Papa: »Achtung! Dass die Freude ein schöner Götterfunken ist, wollen wir ja noch glauben. Dass sie aber gleich auch noch eine »Tochter aus Elysium« sein soll, geht zu weit und ist zu viel. Dass wir – also wir Menschen, versteh doch: wir Menschen! – dass wir Menschen das Heiligtum der Freude betreten sollen, will mir nicht in den Kopf! Was für ein Heiligtum soll denn das sein? Und wo liegt es? Und warum sollen wir es betreten? Und das alles noch »feuertrunken«? »Feu-er-trun-ken«?! Warum nicht »Schnäpse-trunken« oder auch »sturzbetrunken«?! Und was ist los in diesem phrasenhaften Heiligtum, das wir »feuertrunken« wahrscheinlich in Pantoffeln oder sonstigen Hausschuhen vorsichtig betreten, um den Boden nicht schmutzig zu machen? Da werden Bettler zu Fürstenbrüdern, na klar, warum auch nicht – aber warum eigentlich? Weil im Heiligtum der Freude ihr »sanfter Flügel weilt«. Hast Du schon einmal einen Flügel »weilen« sehen? O mein Gott, in diesem Gedicht ist wirklich vieles danebengegangen!«

Ich staune, Papa hat recht. Und dann erinnere mich auch an die Vertonung des Gedichts durch Ludwig van Beethoven, Papa hört das oft auf Schallplatte. »Die Stellen, bevor der Chor zu singen beginnt, sind die besten«, sagt Papa, »das sind grandiose Stellen, wie aus dem Jenseits hereingeschneit.« Ich höre Papa genau zu, und dann frage ich ihn, ob »aus dem Jenseits hereingeschneit« nicht auch etwas »phrasenhaft« sei. Papa bleibt neben mir stehen und sagt nichts. Dann aber sagt er: »Was meinst Du? Was ist mit dem Jenseits? Wer hat davon gesprochen?« Ich antworte, er wisse genau, dass er selbst gerade davon gesprochen habe. Da schüttelt Papa den Kopf und meint, er habe wohl einen Phrasenanfall gehabt, das komme davon, wenn man Schillers *An die Freude* aufsage. So ein Gedicht sei ansteckend, und er sei der Ansteckung erlegen. Danach aber sagt er »Schluss! Aus!« – und ich merke, dass er es peinlich findet, vom Jenseits gesprochen zu haben.

Wir untersuchen aber nicht nur die Einzelheiten der Natur, indem wir sie 1. mit der Lupe betrachten, 2. genau beschreiben, 3. aus der Beschreibung ein Gedicht machen oder sie 4. fotografieren, nein, wir greifen auch »aktiv« in die Natur ein. Die aktivste Form eines solchen Eingriffs wäre die Jagd – dann wären wir unterwegs, um ein Stück Wild zu erlegen. Das aber tun wir nicht, wir machen es weniger aufwendig und sammeln zum Beispiel Blätter und Blüten. Sie kommen später in dicke und schwere Bücher und werden gepresst. Nach einigen Tagen ist ihnen der Saft entzogen, und sie sehen platt und glatt aus. In diesem gepressten Zustand kann man sie auf eine Kartonseite kleben, ein Gedicht und ein Foto beifügen – und so Teile der Natur »inventarisieren« (Papa).

Daneben kann man aber auch »aktiv« in die Natur eingreifen, indem man bestimmte Tiere anlockt. Man streut Köder in ein Waldstück und wartet, dass sich die Tiere nähern. Dann beobachtet man sie von einem Hochsitz aus durch ein Fernglas:

Die Wildschweine erscheinen ganz plötzlich. Sie kommen mit Karacho aus dem Unterholz und bilden eine Mannschaft oder einen Trupp. Voran läuft der Rädelsführer und fegt mit dem Rüssel den Boden. Die Borstenhaare auf seinem Rücken stehen aufrecht und so dicht nebeneinander, als hätte er sie lange gebürstet. Er schaut feindlich und ungeduldig, dann trampelt er weiter, auf und davon.

Am Schönsten aber ist das Anlocken von Vögeln. Papa macht das, indem er ihren Ruf nachahmt. Einen Kuckuck zum Beispiel kann Papa auf diese Weise anlocken. Er faltet die Hände vor dem Gesicht und presst sie an die Nase. Dann öffnet er sie einen Spalt und ruft »Ku...«, darauf schließt er den Spalt und ruft »Kuck«. Es geht ganz schnell, und die Stimme verändert sich durch das Öffnen und Schließen der zusammengefalteten Hände. Ich habe es auch versucht, aber ich habe für so etwas noch keine Stimme. Entweder rufe ich zu hoch (fast wie ein Mädchen) oder zu dumpf (fast wie ein Wildschwein).

Wenn Papa »Kuckuck« ruft, der Wind richtig steht, das Wetter gut ist und sonst noch einige Bedingungen stimmen, hören wir nach zehn, fünfzehn Minuten aus der Nähe die Antwort eines Kuckucks. Jedes Mal ist es ein seltsamer, feierlicher Moment. Als begrüßte uns freundlich ein Vogel, der uns weder sieht noch kennt, um Kontakt aufzunehmen. Als hätte ihn die Natur geschickt, um mit uns ins Gespräch zu kommen. Der Kukucksruf kommt immer näher, schließlich glaubt man, der Kuckuck müsse uns sehen können, so nah scheint er zu sein. Und dann ist das Antworten plötzlich vorbei. Stille. Nichts mehr. Unser neuer Freund ist wieder verschwunden.

»Expeditionen« in der Umgebung der Jagdhütte dauern drei bis vier Stunden. Wenn wir nach Hause kommen, sind wir beide meist etwas erschöpft. Der Kopf ist leer, als hätten uns all das Schauen, Locken und Kontaktaufnehmen sehr ermüdet. Papa sagt, nicht mal Musik könne er noch hören, selbst das sei zu anstrengend. Was aber dann? Die Zeitung! Die Zeitung, sagt Papa, kann man immer lesen, in jedem Zustand. Entweder schläfert sie einen ein, weil sie so langweilig ist, oder sie enthält eine Seite, die einen wieder hellwach macht. »Andere Leute sehen in diesem Zustand ja Fernsehen«, sagt Papa. »Wir aber brauchen dafür kein Fernsehen, sondern Zeitungen und Zeitschriften. Wenn es im Kopf ganz schlimm ist, lese ich eine geodätische Fachzeitschrift. Die hat das spannendste und wachrüttelndste Vokabular, das es überhaupt gibt.«

Ich habe auch einmal in eine solche Zeitschrift geschaut und die seltsame Erfahrung gemacht, dass ich kein Wort, aber auch wirklich nichts in dieser Zeitschrift verstehe. Da habe ich sie rasch wieder weggelegt, aus Angst, die Probleme von früher könnten noch einmal von vorne losgehen. Was also mache ich, wenn ich erschöpft bin? Ich lege mich auf den Boden der Jagdhütte und höre Musik, das hilft schon bald. Nach spätestens einer halben Stunde ist der Kopf wieder frei.

Durch den Bau eines eigenen Hauses auf einer in Wäldern gelegenen, einsamen Anhöhe in der Nähe von Wissen änderte sich unser gesamtes Familienleben. Der Ausgangspunkt für diesen Bau waren die geodätischen Studien meines Vaters, der den höchsten Punkt der gesamten Umgebung ausgewählt hatte, um genau dort ein Haus hin zu setzen. Der Bau verlief nicht schnell, aber ich glaube, dass das langsame Tempo meinen Eltern nichts ausmachte. Sie haben es wohl eher genossen, wie die Gerippe der Hauswände allmählich zwischen den Buchen und Eichen in die Höhe wuchsen und wir das Haus noch auf Leitern vom Keller bis zum Speicher erkundeten.

Als wir dann wirklich darin wohnten, erlebte ich auch die Umgebung neu. Ich ging in der Nähe schwimmen, ich pflückte Blumen auf den Wiesen der Täler ringsum, und ich sah, wie das Haus eine große Gartenanlage erhielt, die ich nach dem Tod meiner Eltern weiter gepflegt und erhalten habe.

Obwohl es sich um ein schlichtes Einfamilienhaus aus den späten fünfziger Jahren handelt, würde ich mit niemandem tauschen, der mir ein größeres oder moderneres Haus anbieten würde. Das Einfamilienhaus war ein Spiegel unseres Familienlebens nach dem Zweiten Weltkrieg. Meine Eltern hatten das Vertrauen in »das Leben« wiedergefunden und beschlossen, sich in der Nähe ihrer eigenen Elternhäuser niederzulassen. Das Haus, das sie bauten, sollte wiederum ein »Elternhaus« werden, und genau so ist es dann auch gekommen. Ihr einziger Sohn bewohnt es jetzt mit seiner Familie und durchstreift wie als Kind die Umgebung, auf der Suche nach Bächen, Seen, Wiesen und Gärten, den Lauten der Vögel und dem Atmen der Landschaft.

Der Hausbau

Ihren Höhepunkt erreichte die Feldforschung meines Vaters, als ich in einer Pfingstferienwoche mit dem Vater wieder täglich auf dem Land unterwegs war und wir dabei mehrere Male, aber ohne jede Absicht, auf ein Höhenplateau zusteuerten, auf dem sich, wie Vater detailliert erklärte, ein sogenannter *trigonometrischer Punkt* befand.

Ich bemerkte sofort, wie begeistert er von dem weiten Ausblick war, den man von diesem Plateau aus hatte. Der Höhenpunkt wurde von mehreren kleinen, separat stehenden Wäldern eingerahmt, die in ihrer Mitte eine Lichtung frei ließen, von der aus man die gesamte Umgebung überblicken konnte.

Wir ließen uns auf dieser Lichtung nieder, wir aßen dort unseren Proviant, oder wir streckten uns aus, um uns von unseren langen Wegen ein wenig zu erholen. Unten im Tal lag das Dorf, in dem meine Eltern zur Schule gegangen waren, auf der anderen Seite des Hügels aber lag die Gastwirtschaft, auf der mein Vater aufgewachsen war. Ich bin sicher, dass er diese ja geradezu aufdringlich bedeutungsvollen Bezüge jedes Mal im Kopf hatte, als wir auf dem Höhenkamm ankamen.

Solche Bezüge merkte er sich, und auf sie spielte er gerne an, wenn er etwa behauptete, X sei von Y genau so weit entfernt wie Y von Z, das wiederum von X halb so weit entfernt sei wie Y von X. Mich brachte er mit solchen Rechnungen gern durcheinander, weil er in mir ein Opfer gefunden hatte, das er leicht schwindlig rechnen konnte, er machte so etwas aber nicht nur mit mir, sondern auch mit Erwachsenen, ja sogar mit gestandenen Geodäten und Mathematikern, mit denen er für sein Leben gern Rechenaufgaben löste. Auch das Schachspiel liebte er sehr, weil Schachspielen mit dem Lösen von Rechenaufgaben durchaus vergleichbar war. Ich dagegen mochte Rechenaufgaben und Schachspielen gar nicht, mein seltsames Hirn reagierte auf derartige Aufgabenstellungen überhaupt nicht, sondern stellte sich sofort tot.

Vater konnte mir also lange erklären, dass der Höhenkamm mit dem trigonometrischen Punkt vom Haus seiner Eltern genau so weit entfernt sei wie vom Haus der Eltern meiner Mutter, so etwas vergaß ich sofort wieder, weil ich es mir nicht vorstellen konnte. Sagte er dagegen, dass wir nun wieder auf *die Höhe* gingen, von der aus man das *Sonnenpanorama* sehen könne, wusste ich sofort, was er meinte. *Sonnenpanorama* war eines der dunklen, magischen Wörter, die ich so liebte, während geometrische Angaben zu jener Welt gehörten, die mir wohl für immer verschlossen bleiben würde.

Auffällig war jedenfalls, dass auch mein Vater sich immer wieder von diesem Sonnenpanorama anziehen ließ, dass er die Lichtung mit der weiten Wiese in allen Richtungen ablief, sich länger als nötig in den kleinen Wäldchen aufhielt und schließlich sogar begann, in einem dieser Wäldchen etwas von unserem Proviant zu deponieren. So wurde der Höhenpunkt mit den Tagen zu unserer Höhenstation oder unserem Außenposten, den wir bald so betrachteten, als gehörte er ganz selbstverständlich zu uns und zu unseren Wanderungen.

Am vorletzten Tag dieses Pfingstaufenthaltes bat Vater meine Mutter, uns ausnahmsweise während eines Spaziergangs zu begleiten. Er sagte, dass er ihr das Sonnenpanorama zeigen und dass man dort etwas essen und trinken wolle, die notwendigen Utensilien hatte er ganz gegen seine sonstige Gewohnheit selbst in einem kleinen Korb zusammengestellt.

Ich sehe Vater genau, wie er mit diesem Korb in der rechten Hand voraus geht, Mutter und ich machen Witze über seine Planungen, er aber geht stur voran, schaut sich nicht nach uns um und reagiert kein einziges Mal auf unsere Bemerkungen. Nach einer Weile kommt es uns sogar so vor, als stimmte mit ihm etwas nicht, »Josef, ist was mit Dir?«, fragt meine Mutter zum Beispiel, aber sie erhält keine Antwort und keine Auskunft.

Vater geht vielmehr voran, als grübelte er über etwas nach oder als ginge er allein gegen einen schweren Sturm an, erst als wir auf dem Sonnenpanorama ankommen, atmet er durch, bleibt stehen und bittet uns, auf einer Decke Platz zu nehmen, die er nebenbei auch noch mit hinaufgeschleppt hat. Mutter und ich – wir machen weiter unsere Witze, denn Vater ist seltsam feierlich und wirkt gleichzeitig etwas abwesend, Mutter vermutet, dass er uns jetzt einen längeren Vortrag über *Land und Leute* halten werde, und als Vater zu sprechen beginnt, hört es sich so an, als habe sie mit dieser Vermutung recht gehabt.

Vater steht nämlich vor uns und erklärt das Terrain, er deutet auf die umliegenden Orte, er zeigt uns die Straßen und Verbindungen zwischen den Dörfern, die wir nur undeutlich im tiefen Maigrün erkennen. In etwa einer Viertelstunde geht er die gesamte Umgebung durch, benennt die Hügel, dreht sich im Kreis, spricht von den Verkehrsverbindungen früher und jetzt und erläutert dann die Lage der größeren Höfe in der Umgebung, zu dem einen gehört Land in der Größe von soundsoviel Hektar, zum anderen in der Größe von soundsoviel, hier gab es einmal einen Erbschaftsstreit, und dort gehörte das Land einmal einem jungen Aufschneider, der es, ohne dass seine Brüder davon wussten, parzellenweise an Jagdfreunde aus dem Rheinland verkaufte.

Dann aber macht er eine Pause und stellt den Korb auf unsere Liegedecke, Vater hat alles dabei, was die Gastwirtschaft zu bieten hat, frische Leber- und Blutwürste, Kartoffelbrot, frischen Käse und Butter und dicke, schwere Radieschen und eingelegte Gurken vom letzten Jahr. Es gibt kühles Bier, auch Mutter trinkt jetzt sogar ein Glas kühles Bier, und ich, ich bekomme ein Glas *Libella*-Limonade, ebenfalls gut gekühlt.

»Was ist denn bloß heute los?«, fragt Mutter eher rhetorisch, denn sie ahnt bereits, dass sie von Vater keine Antwort erhält, und als er wirklich nicht antwortet, sondern nur die Flaschen öffnet und uns einschenkt, beginnt sie leise zu summen, ja, ich weiß genau, was sie summt, sie summt genau jenes Chanson, das sie auch damals während ihres Lustbads im See gesummt hat. Und weil ich mich an dieses Summen genau erinnere und die Noten im Kopf habe, summe ich mit, es ist, glaube ich, das erste Mal, dass ich so etwas summe, aber das fällt Mutter nicht auf, nein, sie bemerkt wirklich nicht, dass ich ein großer Kenner und Liebhaber gerade dieses Chansons bin, von dessen Text ich allerdings kein einziges Wort verstehe.

Vater stößt aber nun mit uns an, und dann sagt er, dass er sich über unsere gute Laune sehr freut und dann leert er sein Glas in einem Zug, reckt sich ein wenig in die Höhe, geht sogar für einen Moment auf die Zehenspitzen und erklärt: »Genau hier, meine Lieben, werden wir bauen, ich habe die Pläne bereits im Kopf.«

Mutter summt nicht mehr, sie antwortet nicht, und ich kann mir nicht richtig vorstellen, wie man es fertigbringen könnte, ein Haus auf dieser einsamen Lichtung zu bauen. Gut vorstellen kann ich mir dagegen, was wir nun zu hören bekommen, und ich habe recht, ich habe es mir ganz richtig vorgestellt: Vater geht jetzt mit uns das gesamte Terrain ab und entwirft nicht nur einen Plan für ein einzelnes Haus, sondern einen Plan für den gesamten Raum, in dem wir uns jetzt befinden. Alles hat er im Kopf, jedes Detail, von der Farbe und Form der Dachziegel bis hin zur Beschaffenheit der Steinplatten rings ums Haus.

Im Grunde geht es aber gar nicht um dieses Haus, das Haus ist lediglich eine kleine räumliche Form unter vielen anderen räumlichen Formen, denn zum Haus gehören, wie er sagt, die angrenzenden Wälder, zwei Äcker, die Lichtung sowie die westlichen und östlichen Zufahrtswege. Die gesamte Lichtung wird sich einmal in einen großen Hanggarten verwandeln, die Wälder sollen durchforstet und gelichtet werden, und auf den Äckern werden wir Kartoffeln und Rüben anbauen, ganz zu schweigen von den kleinen Gemüse- und Gewürz-Rabatten in der angeblich windstillen Partie hinter dem Haus, in der es neben Gemüse und Gewürzen übrigens auch einen Steingarten geben wird ...

Während Vater spricht und gar nicht mehr aufhören will, kommt mir aber immer wieder ein Wort in den Sinn, das ich gerade irgendwo gelesen habe, es ist das Wort *Phantasie* und damit bereits vom Klang her ein Wort, das ich mag und unter die dunklen und magischen Wörter einordnen würde. Was Vater erzählt, *das ist eine Phantasie*, denke ich und meine damit, dass es nicht so richtig klar ist, ob er von etwas Wirklichem, Möglichem oder ganz und gar Ausgedachtem spricht.

Ich selbst kann das alles sowieso nicht entscheiden und erst recht nicht übersehen, so etwas muss Mutter tun, daher schaue ich sie an und warte darauf, dass sie etwas sagt. Ich erwarte, dass sie etwas Ablehnendes sagt oder einen Scherz über diese weit ausholende Phantasie-Konstruktion macht, sie aber sagt nur: »Wir sollten kein allzu großes Haus bauen, sondern vor allem ein Haus für uns Drei …«

Genau in diesem Moment begannen die Planungen für all das, was ich *Die Familienphantasie* genannt habe und was dann wenige Jahre später zunächst als eine Art Feriendomizil verwirklicht wurde: Der große Hanggarten, die Wälder, die Beete und Rabatten, ein kleines Haus für uns Drei, dazu noch ein Blockhaus für meinen Vater und sein Büro, die schmalen Gehwege und Pfade und dazu von allen Seiten aus ein geradezu überwältigender Blick auf das umgebende Land.

An diesen Planungen und ihrer allmählichen Durchführung waren wir alle Drei dann beteiligt: Vater war so etwas wie der Architekt und der Koordinator, Mutter kümmerte sich um die Stimmungsmomente und die Atmosphären der Landschafts- und Gartengestaltung bis hin zu den Sitzplätzen sowie den großen und kleinen Gärten, und ich brachte meine Ideen mit ein, indem ich mir allerhand Spielplätze im Haus und im Freien und vor allem einen Raum für einen Flügel wünschte.

In den späten fünfziger Jahren war unsere Familie so weit, sich Gedanken über eine solche Planung machen zu können. Sie galt einem Gelände, das den labilen Grund, auf dem wir uns vorerst noch bewegten, sichern sollte. *Die Familienphantasie* war das Projekt unserer allmählichen Gesundung, an ihm war abzulesen, was wir uns alles zutrauten und wie wir in Zukunft leben wollten. Natürlich kam ein vollständiger Umzug auf dieses Gelände vorerst nicht in Frage, an eine derartig endgültige Aktion hatten wir aber auch gar nicht gedacht.

Die Familienphantasie war vielmehr die Planung eines Raums, in den wir uns flüchten konnten, wenn uns danach war. Es war ein einsamer Raum im Abseits, unzugänglich für andere, ja es war im Grunde der Raum einer geplanten und dann mit viel Energie aufgebauten Idylle. Wenn wir in Köln etwas Schönes entdeckten oder sonst auf etwas Interessantes stießen, sagte daher oft einer von uns, dies sei etwas für unser *Domizil.*

Das Domizil war die Bezeichnung, die wir alle Drei diesem Märchenraum gaben, ich selbst aber nannte ihn für mich immer nur *Die Phantasie* und später, als ich mich in der Jugend von diesem Raum distanzierte, weil ich ihn in diesem Alter einfach zu schön und zu geschlossen fand: *Die Familienphantasie.*

Schwimmenlernen

Als ich schwimmen lernte, gab es erst wenige Freibäder, und man musste auf dem Land lange fahren, um eines zu finden. Freibäder waren damals chic, weil sie (vom Bildlichen her) etwas Amerikanisches hatten und an Swimming-Pools in amerikanischen Filmen erinnerten. Dort lehnten Menschen faul und lasziv am Beckenrand, tranken (halb im Wasser) mit einem Strohhalm einen Cocktail und hörten dazu Musik. Die Erfindung des Freibads mit seinen Schwimmbecken verlief parallel zur Erfindung der Cocktailgesellschaft. In Freibädern las man keine Bücher und unterhielt sich nicht angestrengt, sondern nuckelte an einem Longdrink, ließ sich mit Sonnencreme einreiben und flirtete so lange, bis man die angeheizte sexuelle Erregung durch einen Kopfsprung ins tiefe Sprungbecken wieder entschärfte.

In den Zeiten vor Erfindung der Freibäder aber schwamm und badete ich genau da, wo etwas Wasser vorhanden war oder floss. Auf dem Land gab es kleine Flüsse mit hohen Schilfwänden zu beiden Seiten, es gab Waldseen in unglaublicher Stille, in einem weiten Abseits von aller sonstigen Zivilisation, und es gab größere, gefährlich erscheinende, dunkel lauernde Teiche (mit vielen Fröschen in den Laichzonen und mit Störchen auf den nahen Wiesen).

Viele dieser Wasserterrains waren nicht besonders tief. Man konnte sich auf den Rücken legen und trieb dann nur wenige Zentimeter über einem schlammigen oder steinreichen Boden. Im Grunde reichte es gar nicht zum richtigen Schwimmen. Man lag eher im Wasser, bäuchlings, seitwärts oder eben (am häufigsten) auf dem Rücken, spürte Fliegen und Bremsen im Gesicht oder auf der nackten sonstigen Haut und wurde mit der Zeit eins mit der Natur.

So erschien es mir in den Kinderjahren ganz selbstverständlich: Sich einzunisten in irgendeiner Wasserzone, sich zu verwandeln in eine Lurch-, Wurzel- und Schlammnatur. Dann aber las ich durch einen Zufall ein Gedicht von Bertolt Brecht mit dem gleich in die Seele zielenden Titel *Vom Schwimmen in Seen und Flüssen.* Brecht hatte in einem Ton, der süchtig machte und darauf zielte, einen gleich wieder ins Wasser zu treiben, von meinen Erlebnissen gesungen: *Im bleichen Sommer, wenn die Winde oben / Nur in dem Laub der großen Bäume sausen / Muss man in Flüssen liegen oder Teichen / Wie die Gewächse, worin Hechte hausen.*

Es stimmte alles, und es war so gesagt, wie ich es gesehen und empfunden hatte, ohne so genau wie Brecht auf alles zu achten. Seine Zeilen brachten mir meine Wahrnehmung zurück, dichter und genauer, als ich sie selbst erkannt hatte: Den *bleichen Sommer ...* – denn auf dem Land gab es den strahlenden, faustdicken Sommer nicht, sondern nur den weichen, wolkendurchzogenen. *Die Winde oben ...* – wie sie in den Sommerzeiten oben in den Bäumen hausten und das nächste schwere Gewitter anlockten und herbeiriefen. *In Flüssen liegen oder Teichen ...* – genau wie ich es getan hatte, der ich nicht zum richtigen Schwimmen gekommen war, sondern mich in den Flüssen und Teichen (von einem zum andern wandernd, je nach dem Sonnenstand) verlegen hatte ... – unter den Gewächsen, *worin Hechte hausen.*

Natürlich muss man auf dem Rücken liegen / so wie gewöhnlich. Und sich treiben lassen. / Man muss nicht schwimmen, nein, nur so tun, als / Gehöre man einfach zu Schottermassen. Auch das entsprach so genau dem, was ich erlebte hatte, dass ich diese Zeilen und das Gedicht bald auswendig kannte. Und es wurde noch seltsamer. Denn wenn ich jetzt wieder unterwegs war, um irgendwo auf dem Rücken zu liegen (*so wie gewöhnlich*), stieg das Gedicht plötzlich in mir auf.

Durch das Liegen im Wasser animiert, entstanden seine Zeilen wie Blasen in meiner Lunge, die schließlich ins Freie wollten. Es war ein Glücksgefühl, das zu erleben, ein Schauer, als hätte ich einem Urmoment des Lebens eine hymnische Sprache verliehen und als wären die folgenden Laute, die ich ausstieß wie ein Orphiker, Zeilen eines Textes, den nicht ein gewisser Brecht, sondern den ich selbst gedichtet hatte: *Man soll den Himmel anschaun und so tun / Als ob einen ein Weib trägt, und es stimmt. / Ganz ohne großen Umtrieb, wie der liebe Gott tut / Wenn er am Abend noch in seinen Flüssen schwimmt ...*

Blumen pflücken

In der Kindheit begannen meine ersten kleinen Fluchten weg von zu Hause damit, dass ich zu den blumengeschmückten Wiesen weit unterhalb des Hauses aufbrach. Ich musste eine schmale Straße überqueren, über ein rostiges Geländer steigen und befand mich dann auf einer stark abfallenden Wiese, die schon bald in ein dunkles Waldgelände überging. Auf der Wiese war ich vom Haus noch einigermaßen gut zu erkennen, ich lief umher und pflückte Blumen. Es gab unendlich viele Margeriten in jeder Größe, und es gab Klee und gelben Ginster. Eine Zeitlang pflückte ich alles, was mir in die Hände geriet, und legte den Strauß dann vorläufig an eine schattige Stelle.

Jetzt kam es darauf an. Ich konnte mich einfach auf den Rücken ins Gras legen, oder ich konnte noch weitergehen, um mich in den Wald zu verlieren. Um das zu tun, musste ich einen schmalen Bach überspringen. Der kurze Sprung war das Zeichen: Nun war ich im »anderen Land«, nicht mehr zu beobachten, in der »Wildnis« verloren. Ich ging ein paar Schritte und spürte, dass mich fröstelte. Es war, als hätte ich einen anderen Kontinent betreten, ein Land, in dem andere Gesetze galten und wild herumziehende Gesellen einen jederzeit stellen und einem Böses antun konnten.

Mit einem solchen Empfinden schlich ich umher. Ich ging nicht gebückt, aber ich hatte das deutliche Empfinden, gebückt zu gehen. Ich musste mich klein machen, »in Deckung« gehen, ich durfte mich nicht offen auf den Wegen zeigen, sondern musste die Bäume und Sträucher zu meinem Schutz nutzen. Im Kopf hatte ich viele Geschichten, die ich gelesen hatte. In ihnen gingen Kinder im Wald verloren, verletzten sich, wurden nicht mehr gefunden, litten Hunger und Durst.

So war das ferne Land, das ich im Wald betrat, im Grund das Land der Phantasie und des literarisch geformten Schreckens. Eigentlich war alles ganz harmlos: ein Stück Wald mit breiten, sonnigen Waldwegen, eine Lichtung, ein Hochsitz, nichts Besonderes. Ich aber sah in all das die großen Gefahren hinein, die ich aus Märchen und Geschichten kannte. Auf der Lichtung konnten sich fremde, gefährliche Tiere bewegen, und auf dem Hochsitz lauerten Schützen und Jäger in ihren Verstecken.

Ich hielt es nie sehr lange im Wald aus, und ich wäre nie auf den Gedanken gekommen, mich dort auf den Rücken zu legen. Wie ein vorsichtiges, schutzbedürftiges Tier schlich ich herum und machte mich schon bald auf den Rückweg. Wie schön war der Moment, als ich den Bach erneut übersprungen und auf der Wiese den dort abgelegten Blumenstrauß wiedergefunden hatte! Als ich ihn in die Hand nahm, war ich angekommen in vertrautem Gelände.

Ich stieg die Wiese hinauf und eilte in unser Wohnhaus zurück. Dort brachte ich den Strauß in die Küche, sorgte dafür, dass er in eine schöne Vase kam, und blickte kurz durch das große Wohnzimmerfenster auf das ferne Gelände, dessen Gefahren ich gerade überstanden hatte. Für einen kurzen Moment glaubte ich das Frösteln erneut zu spüren. Dann aber beruhigte ich mich. Die Feinde hatten mich nicht entdeckt, ich war aufmerksam und schlau gewesen, beim nächsten Mal würde ich noch tiefer in das gefährliche Land eindringen, und irgendwann bekam ich die wilden Gesellen auch zu Gesicht, ohne dass sie es merkten.

Ich würde das ferne Land ganz alleine befreien, nicht mit Gewalt, sondern mit Hilfe besonderer Tricks. Irgendetwas Großartiges würde mir einfallen, etwas, an das niemand sonst denken würde. Und schon war sie da, die kleine Geschichte einer Befreiung, die ich nur noch aufzuschreiben brauchte, um mir die Illusion zu verschaffen, längst gesiegt zu haben und gar nicht mehr aufbrechen zu müssen in die gefährlichen Zonen. So schlug die kleine Flucht um in eine starke Geschichte. Sie hob die Schrecken der Flucht auf und führte auf dem Papier zurück in lauter vom dunklen Bösen befreite Länder.

Blumen pflücke ich heute noch immer sehr gern, am liebsten Löwenmäulchen oder Lupinen. Und Wälder in der Nähe des alten Zuhauses durchstreife ich weiter. Jetzt aber komme ich mir vor, als wäre ich ein Wildhüter oder Förster, der jeden Winkel kennt und in jeder Jahreszeit nach dem Rechten sieht. Ich bin ein alter Bewohner dieser Wälder und kein Fremder mehr, ich weiß, wo sich zu welcher Zeit welche Tiere aufhalten. In den Wäldern verändert sich in Jahrzehnten kaum etwas, das ist das Schöne, Beruhigende. So erscheinen sie mir wie halbwegs stabile Zonen, in denen die Menschen nur zum Teil zugelassen sind. Eigentlich werden sie von den Tieren und ihren Aktionen beherrscht, und eigentlich sind diese Aktionen kaum sichtbar. Man spürt ihnen hinterher, man wittert Geschichten und Auseinandersetzungen. Letztlich aber bleibt der Wald das verborgene Reich, das sich den Menschen entzieht und eben nicht »zu ihm spricht«.

Im Garten

Auf dem Land hatten wir keine Nachbarn, in der Stadt dagegen wohnten wir auf Miete in Wohnungen, von denen keine einzige meinen Eltern je so richtig gefiel. Mein Vater hatte generell etwas gegen Wohnungen in Miethäusern, und meine Mutter sagte mehrmals in der Woche, dass sie einen Garten (wie auf dem Land) sehr vermisse.

Der Garten war aber kein übersichtlicher, sorgfältig beharkter und durchforsteter Garten, wie man ihn vielleicht in Schrebergärten oder als Vorgarten von Reihenhäusern antreffen kann. Er war vielmehr ein großes Gartengelände mit einem langen Treppenaufgang in Serpentinen, Aussichtsplateaus, Rhododendreninseln und allmählichen Übergängen (Lichtungen) in ein stattliches Waldgelände. Ein solches Gelände konnte man unmöglich so pflegen, wie man einen Rabatten- oder Gemüsegarten gepflegt hätte. Und doch begann meine Mutter jedes Mal sofort nach unserer Ankunft auf dem Land, im Garten zu arbeiten. Sie zog das Unkraut aus dem Boden und warf es in eine Schubkarre, und sie harkte zwischen den Azaleen herum, damit sie wieder etwas Luft bekamen.

Mein Vater aber tat so, als bekäme er das alles nicht mit. Er zog sich um und machte erst mal »einen weiten Gang« durch das Gelände. Der weite Gang bestand aus einem unablässigen Kreisen, Stehenbleiben und Schauen und aus immer derselben, mehrmals zurückgelegten Runde. Das konnte dauern, und manchmal machte ich zumindest eine einzige Runde mit, um zu hören, was meinem Vater aufgefallen war. Die Nistkästen mussten kontrolliert werden, die Fingerhutinseln sahen nicht gut aus, der Ginster hatte sich »zu zahlreich vermehrt«, die Buchsbaumreihen mussten beschnitten werden, die Farne standen zu dicht und ließen den Spätblühern zu wenig Platz.

Was mein Vater sammelte, war eine Liste mit Arbeitsaufgaben für die nächsten Tage. Dann würde er nicht am Stück, wohl aber Tag für Tag etwas auf dem Gartengelände tun. Er würde frühmorgens (kurz nach Sechs) schon einmal anfangen (für höchstens zwei Stunden), und er würde am frühen Abend bis zur Dunkelheit weitermachen. In den Stunden dazwischen aber würde er sich mit etwas anderem beschäftigen. Er würde »weite Gänge« (durch die Umgebung) machen, und er würde nach der Rückkehr von diesen Gängen zu meiner Mutter (die dann wiederum im Garten bei der Arbeit wäre), nur sagen: »Ach lass doch! Ich mache das schon!«

Einen bestimmten Teil des Tages im Garten zu verbringen, war also für meine Eltern selbstverständlich. Hätte es dort kein Unkraut und keine anderen kleinen

Missstände gegeben, so hätten sie trotzdem dort »gearbeitet«. Denn das Arbeiten im Garten war keine harte, unfreiwillige oder lästige Arbeit, sondern ein Teil des Lebens, wie meine Eltern es unbedingt führen wollten. Dieser Teil musste im Freien verbracht werden, aber nicht passiv oder auf Stühlen beim Nachmittagstee (ich kann mich nicht daran erinnern, dass mein Vater jemals Tee getrunken oder irgendeinen Gefallen an einer nachmittäglichen Erfrischung in Gartenstühlen oder Korbsesseln gefunden hätte ... – schon »Sitzkissen« waren bereits ein Anlass für Spott: »lachhaft«, »wer braucht denn sowas?«, »ja, mein Gott, wo leben wir denn?«). Stattdessen musste man sich bewegen, die Pfade durch das Gelände entlanggehen, und das immer wieder, als begrüßte man jedes Gewächs und jedes Tier einzeln, das sich in den Sträuchern und Büschen aufhielt.

Genauso aber war es dann auch: Das Umhergehen, immer von vorn und von Neuem, war eine Kontaktaufnahme und eine Kontaktvertiefung. Tiere, Pflanzen und Bäume gehörten zu einem wie lebendige Wesen mit ausführlichen, langen Geschichten. Jeder Aufenthalt belebte und erweiterte das Wissen um sie und erforderte ihre Fortsetzung durch eine Praxis, die andere einfach nur »Gartenarbeit« nannten. Richtige Gartenarbeit aber war etwas anderes: Es war der Eintritt in ein sich gewöhnlich entziehendes Reich fremder Lebewesen, die man gepflegt und am Leben erhalten hatte.

Dabei ging es am wenigsten darum, dieses Leben wieder dekorativ und schmuckvoll aussehen zu lassen, nein, es kam eher darauf an, sich alten und vertrauten

Zöglingen zu widmen, denen man ein möglichst langes Leben wünschte. Gemeinsam mit diesen Zöglingen wollte man existieren, nicht allein, und gemeinsam mit ihnen wollte man sich den Jahreszeiten stellen, um ihnen möglichst viel Schönes abzugewinnen.

In der Stadt aber war das nur beschränkt möglich, weshalb sie im Leben meiner Eltern auch nie die Hauptrolle spielte. Die Stadt war von Bedeutung, weil man Abwechslung brauchte, »frische Ideen« (meine Mutter) und »intelligente Unterhaltung« (mein Vater). Auf Dauer oder über einen längeren Zeitraum ließ sie sich nur ertragen, wenn man »weite Gänge« machte oder so tat, als befände man sich zumindest für einige Minuten auf dem Land. Dann öffnete mein Vater das Fenster unseres Wohnzimmers, schaute hinaus auf den großen Platz vor unserem Haus, blickte sich um und sagte Sätze wie etwa: »Die Hainbuche hat schon Blüten« oder »Die beiden kleinen Birken werden eingehen, sie stehen viel zu dicht an der Straße«. Solche Anfälle von Gartensehnsucht bewiesen, dass meine Eltern letztlich das ganze Jahr in ihrem Gartengelände unterwegs waren, manchmal durchgängig real und die übrige Zeit sporadisch und in ihren Träumen.

Und ich? Wie war das mit mir? Lange Zeit waren die Pflanzen keineswegs mit mir verwandt oder gar meine Zöglinge. Ich kannte sie nicht genau, sondern höchstens beim Namen, und mit ihnen etwas erlebt hatte ich erst recht nicht. Anders war es schon mit den Tieren, deren Aufenthaltsorte im Wald oder auf dem Gelände ich genau nennen konnte. Und ganz anders war es schließlich mit den Bäumen, zu denen ich die besten Kontakte unterhielt. Bäume konnte man besteigen, man konnte auf ihnen wohnen, man konnte ihre toten Äste abschneiden, und man konnte all das sammeln, was sie auf den Boden warfen (Eicheln, Bucheckern).

Am schönsten aber waren die mächtigen Pappeln, die an Höhe und Wuchs alles übertrafen, was sich in unserem Wald sonst noch befand. Die Pappeln waren hohe Fürsten, die in langen Reihen an Bächen oder Flüssen standen, unbeweglich und anscheinend ohne dickere Äste, mit im Wind flatterndem, aufgeregtem Blattwerk. Wie keine anderen Bäume leuchteten Pappeln im Sonnenlicht – und das besonders glänzend im Herbst. Lang gestreckt (und trotz ihrer enormen Größe doch schlank) reckten und dehnten sie sich in der Sonne.

Pappeln, Buchen und Eichen hatte ich zu zeichnen versucht, war jedoch damit gescheitert. Meine Bäume suchten keine zeichnerische oder künstlerische Nähe (das war etwas für die Impressionisten, wie ich später erfuhr), sie wollten vielmehr nur bestiegen oder am besten bewohnt werden. Auf einer großen Buche gab es nur für mich einen kleinen Bretterverschlag, in dem ich selbst bei starkem Regen sitzen konnte. Ich konnte hinabschauen auf unser Gartengelände, und ich konnte meinem Vater dabei zuschauen, wie er trotz des Regens weiterarbeitete, mit seinem alten (und in den Augen meiner Mutter hässlichen) Hut auf dem Kopf. Mein Vater tat so, als regnete es nicht, er beschleunigte nicht einmal das Tempo der Arbeit. Von oben bis unten nass schob er die Schubkarre durchs Gelände oder harkte eine Gartenpartie mit Hortensien. Manchmal hatte er nicht mitbekommen, dass ich im Buchenverschlag hockte und ihn beobachtete. Entdeckte er mich, rief er immer dasselbe: »Was für ein schönes, trockenes Plätzchen! Gute Verrichtung, Herr Bürovorsteher!«

Die Übernahme des Gartens

Meine Eltern leben nicht mehr, und ich bin frei, ihnen weiter zu folgen oder auch nicht. Seltsamerweise aber lebe ich wie sie sowohl in einer Großstadt wie auf dem Land, und zwar genau da, wo auch sie gelebt haben und später gestorben sind. Ihr großes Gartengelände wird jetzt von mir »bearbeitet«, und wenn ich dort ankomme, mache ich wie mein Vater zunächst »einen weiten Gang« und versuche im Kopf zu behalten, was als nächstes alles zu tun ist. Ich behalte es aber nicht so gut im Kopf wie mein Vater, deshalb muss ich es zur Sicherheit notieren.

Für diese Notate verwende ich in jedem Jahr den Gartenkalender einer Firma, deren Kalender mein Vater auch früher bereits benutzt hat. Seit Jahrzehnten gibt es den immergleichen dunkelblauen Kalender mit relativ viel Platz für die einzelnen Tage und mit reichlich Angaben und Hinweisen dazu, was während des Jahres zu tun ist. Eigentlich wusste mein Vater so etwas und bedurfte keiner Belehrungen, als wäre er ein Laie oder ein Schwärmer, der sich das Gartendasein erst beibringen muss.

Er hat in seinem Gartenkalender denn auch nicht länger gelesen, und wenn er überhaupt einmal einige Zeilen zur Kenntnis genommen hat, so hat er sie korrigiert oder ergänzt. Die Texte des Gartenkalenders behandelte er wie Empfehlungen einer Zentrale, die ihren unmündigen Untergebenen Verpflichtungen auferlegt. So etwas ließ er nicht mit sich machen, er strich vieles durch, schmückte die Ränder mit Ausrufe- oder Fragezeichen und notierte an manchen Stellen sogar deftige Kommentare (»Kompostieren, kompostieren! Gärten sind doch keine Toiletten!«).

Dass er überhaupt jedes Jahr einen Kalender bestellte, hatte nur einen einzigen Grund. Normalerweise wäre mein Vater nie auf den Gedanken gekommen, einen Kalender oder gar ein Tagebuch oder Journal zu führen. Wenn er etwas notierte, dann nur Berufliches (er war Vermessungsingenieur). Sonst aber schrieb er nie etwas auf, selbst Einkaufszettel (wie meine Mutter sie verwendete) waren ihm ein Graus, auch wenn es vorkam, dass er in einem Käseladen stand und vergessen hatte, was er einkaufen wollte. (Zur Verkäuferin: »Na, sagen Sie schon! Wie heißt er, dieser Schimmlige, Zerlaufene? Blauweiß!«)

Der Grund, warum mein Vater in einen Gartenkalender notierte, hatte vielmehr mit Goethe zu tun. Dabei war Goethe meinem Vater mindestens so fremd wie Gartenkalender, die Laiengärtner durch das Gartenjahr führten und ihnen eintrichterten, wie sie ein Maximum an Komposterde erzielten. Mein Vater war auch nicht aus eigener Initiative auf Goethe und das

Thema Kalender gestoßen. (Er las Goethe nicht, sondern hatte es nach einem Versuch, die Gartenpassagen der *Wahlverwandtschaften* zu lesen, aufgegeben. »So viele Fehler auf so wenigen Seiten!« war sein Kommentar gewesen.)

Sein erneutes Interesse an Goethe hatte also einer Vermittlung bedurft, und genau die hatte eine seiner Schwestern nichtsahnend übernommen, als sie ihm ein Buch über *Goethe und seine Gärten* geschenkt hatte. Wie erwartet hatte er nach ihrem Verschwinden gleich über das Buch gelästert, ohne einen Blick hinein geworfen zu haben. Er hatte spöttisch darin geblättert und ein Zypressengedicht entdeckt (*Ach, Zypresse, hoch zu schauen, / mögest Du Dich zu mir neigen ...*). »Was für ein Unsinn!« hatte er gesagt, »ausgerechnet eine Zypresse! Wie soll so ein Baum sich denn neigen? Tut er niemals! Aber mit Birken, die so etwas tun, will er natürlich nichts zu tun haben! Eine Zypresse muss es mindestens sein!«

Nach einigen Tagen Pause aber hatte er sich noch einmal für ein paar Minuten seinem Geschenk gewidmet und war auf einige Tagebuch-Passagen Goethes gestoßen. Sie waren recht kurz, und wider alle Erwartung kamen sie ohne jede Ausschmückung aus, etwa in der Art: *Im Garten. Viele Arbeit im Garten. Linden gepflanzt* – mehr hatte Goethe nicht über seine Gartentätigkeiten verlauten lassen. Anscheinend hatte er nur festhalten wollen, wann und wieviel und woran er gerade im Garten gearbeitet hatte. Sein Garten-Tagebuch war also eine Bestandsaufnahme der Arbeit und keineswegs eine auf literarische Überhöhung zielende Frühfassung zum Beispiel von Gedichten.

Nach dieser Lektüre hatte mein Vater sich seinen ersten Gartenkalender gekauft und von da an mit knappen Bemerkungen gefüllt: *Im Garten. Die Eiben zurückgeschnitten. Viel Arbeit beim Beseitigen des Mooses auf den Bruchsteinen unten. Das Gartentor gereinigt und abgeschmirgelt. Viel Laub aus den Abwasserrinnen der Zufahrt entfernt.* All diese Eintragungen hatte er mit seiner schönen Handschrift und einem Füller gemacht, ja, er hatte sich sogar dazu durchgerungen, vorn auf das Titelblatt einige Zeilen eines Goethe-Gedichts zu schreiben, als gäbe er seinem eigenen Schreiben damit ein charakteristisches Motto: *Wo ich wohne, / Zeigt die Melone ...* – hatte er geschrieben, und in einem anderen Kalender: *Gott gibt die Nüsse, aber er beißt sie nicht auf.*

Es ist nicht richtig zu erkennen, ob er Zitate suchte, über die er sich insgeheim lustig machte, ich vermute so etwas aber schon. Seine eigenen Texte dagegen wirken vollkommen ernst und sachlich, halten sich an den trockenen Ton des Berichterstattens und schießen nur in seltenen Fällen über das Ziel hinaus: *Das Wespennest in der Frühe entfernt. Es am Nachmittag erneut entfernt. Am Abend über ein weiteres erstaunt und ohne Erklärung. Was hätte Goethe dazu gesagt?* Oder: *Torf mit Kompost vermischt und auf den Gemüsebeeten vorsichtig verteilt. Wie verwendete Goethe den Torf? Wahrscheinlich für die Aufzucht von (mindestens!) Artischocken.*

An die zwanzig Gartenkalender hat mein Vater Jahr für Jahr bis zu seinem Tod mit solchen Aufzeichnungen gefüllt. Es gibt in ihnen keinen einzigen Satz, der von den Freuden oder gar Mühen der Arbeit berichtet. Anfänglich habe ich mich nicht getraut, meine eigenen Aufzeichnungen anders zu gestalten als er. Ich habe mächtig angegeben und übertrieben und so getan, als arbeitete ich nicht allein in unserem Gartengelände, sondern als arbeitete der Garten gleichsam auch mit: *Die Buchen spendieren ihre Bucheckern, als wollten sie einen drängen, wunderbare Pfannkuchen daraus zu machen.* Oder: *Wenn ich alte Eicheln zermahle, erscheint ihr Staub wie zerbröselter Marzipan.*

Mitten in meinem dritten Gartenkalender habe ich den väterlich-Goetheschen Ton dann aber endgültig aufgegeben. Ich habe die Übernahme meiner Pflichten als dramatischen Bruch mit meinen Vorgängern und ihren Ambitionen gestaltet und bin in die Offensive gegangen: *Ein halber Tag (sechs Stunden immerhin) im oberen Waldstück. Die toten Äste aufgelesen und ihnen den Scheiterhaufen bereitet. Ein gewaltiges Feuer von einigen weiteren Stunden, monströs und festlich, wie in altorientalischen Zeiten am Nil.* Was war geschehen? Ich hatte vielleicht zehn Ästchen in kaum einer halben Stunde gesammelt und ein Feuerchen entzündet, das nach zehn Minuten erloschen war.

Die Diskrepanz zwischen meinen Ansätzen und der Wirklichkeit lässt sich nur so erklären, dass ich eher ein Gartenbewunderer als ein Gartenarbeiter bin. Nur jemand wie Goethe hat es geschafft, beides zu sein, ich aber muss zugeben, dass ich die Bewunderung der Gartendetails der regelmäßigen Arbeit im Garten vorziehe.

Nach wie vor mache ich »weite Gänge«, wenn ich auf unserem Gartengelände eingetroffen bin. Und danach notiere ich fleißig: *Direkt nach der Ankunft Kartoffeln geerntet. Im Keller gleich von der Erde befreit, später gekocht und dann mit Münsterländer Speck angebraten. Dazu der frische Spargel aus Schwetzingen, mitgebracht. Wunderbare Mahlzeit mit pfälzischem Rosé. Im Hochgefühl des Genusses mit K telefoniert, der morgen vorbeikommen wird, um das Kartoffelbeet wieder zu richten.*

Vögel im Garten

Ich liebe fast alle Vögel, die ich im Garten erkenne, nur die Eichelhäher finde ich wegen ihres aufdringlichen Krächzens oft etwas lästig. Sehr gemocht habe ich früher den Dompfaff, der so aussah, als hätte er Federn aus Samt und träte bei irgendwelchen Bühnenfestspielen im Fränkischen scharenweise im Chor auf. Leider zeigt er sich seit einiger Zeit seltener, vielleicht hat er einfach zu viele Verpflichtungen, mag sein.

Sehr froh bin ich aber auch, wenn ich zum Beispiel einen Pirol sehe. Sein Erscheinen adelt den Wald, denn in welchen Wäldern halten sich schon solche Vögel auf, denen man zutrauen könnte, geradewegs aus den Tropen eingeflogen zu sein. Das Rotkehlchen gehört auch zu dieser Spezies, nur dass es im Gegensatz zum Pirol durchaus um seine Besonderheit weiß.

Zu Zaunkönigen habe ich ein besonderes Verhältnis, denn Zaunkönige und ich – wir sind auf dunkle

Weise verwandt. Vor langen Zeiten könnten wir einmal gemeinsame Vorfahren gehabt haben, Naturgeister, die sich aufopferungsvoll und mit hohem ästhetischem Sinn um ihre Nester kümmern, oder auch Waldsänger, die Bäume in ihrer Nähe als Publikum verstehen und jeden einzelnen anschwirren, um von seinen Ästen aus mit enormer Kraft einige Sekunden zu singen.

Bekomme ich einen Vogel zu sehen, wechseln wir für kurze Zeit zwar keine direkten Blicke, zeigen aber doch, dass wir uns in unserer Nachbarschaft wohlfühlen. Deshalb fliegen Vögel auch nicht vor mir davon, sondern bleiben auf der Stelle sitzen, mustern mit mir zusammen die nahe Umgebung, baden sich in einem Vogelpool oder tun so, als wären sie zur Abfassung einer Magisterarbeit mit der Erforschung des Bodens beschäftigt.

Wir gehören also sehr eng zusammen, wir bewohnen denselben Kosmos, obwohl wir ganz unterschiedliche Interessen mit ihm verbinden. Das Schöne an Vögeln aber ist, dass sie einen mit ihren Interessen (ganz anders als Haustiere) nicht nerven. Sie zeigen sich, wir haben viele Kontakte, aber sie ziehen sich danach auch wieder in Regionen zurück, die ich nicht genau kenne. Sie bleiben also durchaus auf Distanz, und sie leben ihr eigenes Leben, ohne sich ununterbrochen an einen Menschen zu wenden, um von ihm Zuneigung oder die nächste Schale Milch zu erbetteln.

Einige Vögel haben im Wald bestimmte Funktionen, wie zum Beispiel der Grünspecht, der jeden Baum abklopft und auf seinen Gesundheitszustand hin kontrolliert. Solche Expertisen gibt er an die Amseln weiter, die als Nachrichtensender angestellt sind. Einige wenige Vögel leben aber auch so extrem nur für sich, dass sie in diesem Kosmos der Lebensgemeinschaften höchstens durch Blödsinn oder Spott auffallen. Solche Vögel sind Elstern und auch der Kuckuck, dessen Rufe nur von Menschen verstanden, von anderen Vögeln jedoch als Schreie aus den hintersten Kammern der Psychiatrie aufgefasst werden. »Ku-kuck, Ku-kuck« – Spatzen halten so etwas für total verrückt, und Meisen behaupten, es handle sich um autistische Weckrufe.

An schönen Tagen nehme ich dann und wann Vogelrufe auf und trage sie später auf meinem Smartphone mit mir herum. Es ist sehr wohltuend, während einer ICE-Fahrt (allein in einem Abteil) plötzlich den Ruf des heimischen und mit mir eng befreundeten Neuntöters zu hören. Ich schaue zum Fenster heraus, draußen fliegt die fremde Landschaft vorbei. Doch: Ich wohne ein wenig, ja, ich bin für Sekundenbruchteile dort, von wo ich eigentlich gar nie mehr in die Fremde aufbrechen wollte.

Wenn ich nach Aufenthalten in der Ferne wieder in meinem Westerwälder Elternhaus angekommen bin, mache ich mich meist sofort zu Fuß auf den Weg. Ich gehe über die nahen Wiesen und streife stundenlang durch die Umgebung. Es fühlt sich an wie ein Auftanken: wieder mit der Landschaft verwachsen, ihre Atmosphären inhalieren, »westerwäldisch« fühlen und denken.

Meine Gänge verlaufen über Feldwege und schmale ländliche Straßen, sie führen in enge Schluchten und an quirligen Bächen entlang – es ist ein wohltuendes Auf und Ab, ein Steigen und Ausholen, oft ohne einem einzigen Menschen zu begegnen. Stattdessen sind viele Tiere mit unterwegs – Raubvögel, die über den Wäldern kreisen, Pferde auf kleinen Koppeln, Rinder und Kühe in Scharen, den Schatten folgend.

Das »westerwäldische Gehen« entwickelt einen ganz eigenen Stil, unterbrochen von vielen stillen Momenten, die zu genauen Beobachtungen der Zeichen und Spuren einer stark auf sich selbst konzentrierten Landschaft anregen. Ins Haus zurückgekehrt, notiere ich die Eindrücke ...

1 (Januar)

Am Mittag liegt der über Nacht eingetrudelte Schneefall auf den weiten Feldern, allmählich schwächer geworden, geduckt, zusammengesunken. Noch immer wirkt er wie eine dichte Hülle, belebt von den dunklen Graphismenreihen der Maisstrünke, die ihre Notenlinien ins Weiß ziehen und eine Schrift aus Ton und Wort suggerieren.

Ich blieb stehen und blickte am Geschlängel der Linien entlang, als wollte ich auf das Summen ringsum lauschen. Das Schneeweiß ließ den Raum wachsen, betonte die Distanzen, verstärkte die Plastik des Eindrucks – und kam mir dadurch entgegen.

Ich spürte, wie die Kopfkälte nachließ und im Hirn eine fiebrige Lust entstand: weiter zu gehen, sehr weit. Dazu wünschte ich mir einen knorrigen Stock, etwas zur Begleitung der Tiere, die hinter mir herzogen.

Die Krähen waren längst in den Wipfeln der Bäume untergetaucht und stiegen schwarmartig ins Helle, als ich in die Hände klatschte, rhythmisch, um die Schar zusammenzuhalten.

II (Januar)

Es war kälter geworden. Auf den Feldern hatte der Schneefall für eine lastende, schwere Verhüllung gesorgt, die das Gehen erschwerte. Ich kam nur noch mit kleinen Schritten voran, während mir die eisige Luft zusetzte und kein Laut mehr zu hören war. Auch die Vögel waren verschwunden, und in den Talsenken tauchten Schnee und Nebel die Landschaft in ein milchig diffuses Weiß.

Ich blieb häufig stehen, von der Kälte gepackt, unschlüssig, wohin ich mich weiterbewegen sollte. Manchmal fuhr ein Auto über die verschneite Landstraße und hinterließ eine fahrige Spur, die der Schneefall sofort wieder löschte. Die Äste der Bäume trugen das kompakt wirkende Weiß kaum noch und neigten sich zum Boden, während in den Wäldern das Gurgeln des schmalen Baches allmählich verebbte und in den wachsenden Eisschichten erstarb.

Ich ließ die große Lichtung hinter mir und schlurfte durch die Schneezonen zurück in den Ort, wo ich leichter vorankam. Plötzlich erkannte ich den Turm der heimatlichen Dorfkirche und das verschneite Kirchenschiff, kurz darauf auch die alten Fachwerkgebilde in der Nähe des Großelternhauses.

Die große Stille hatte nun etwas Tröstliches, ich ließ den Blick nicht von den Dächern, die mir vorkamen wie vertraute Schneeflächen auf Bildern von Brueghel.

III (Februar)

Seit Tagen regnet es. Das Wasser flort in schmalen Strömen über die Landstraßen und zieht sich an den Rändern zu kleinen Teichen zusammen. Ich bog in ein Waldstück ein und spürte, wie die weich gewordene Erde jeden Fußabdruck ansaugte. Der Wind fegte die von den Bäumen gestürzten Äste vor sich her und schob sie gegen die wackligen Gitterzäune vor den Lichtungen.

Große Waldpartien waren tot, und die gestorbenen, kahlen Fichten standen da wie eine bleiche Legion. Ich folgte einem Waldweg in die Tiefe, wo die Wasser des Baches einen rumorenden Strudel bildeten, der unter einem Überweg hervorschoss. Danach stürzten sie sich auf die Erdränder, rissen an ihren Krusten und gruben tiefe Rinnen ins Erdreich.

Ich stieg einen von Moosflechten überwucherten Pfad hinauf und wich den Spuren aus, die von den Pferden des nahen Hofes tief in die glitschigen Massen gegraben worden waren.

Als ich auf der Höhe stehen blieb und zurück ins Tal schaute, atmete ich aus. Ich war dem Sumpf der Wetter entkommen.

IV (Februar)

Der Schnee liegt wieder in schmalen Schichten auf den Waldwegen, am frühen Morgen von kristallinen, blitzenden Lichtern überzogen. Im Laufe des Tages graben sich die Spuren der Waldgänger ein – die Gitter der Radfahrer, die Linien der Schlitten, die Maserungen der Schuhsohlen, die Graphismen der Vogelkrallen, die Cluster der Hundepfoten.

All diese Zeichen ziehen die Blicke an, so dass ich das weithin gelagerte Weiß als eine große Leinwand empfinde. Keine Farben, nichts Gegenständliches, sondern nur die Präsenz der aktiven Leiber und Geister, ornamentartige Figuren, erfunden vom vitalen Leben.

Das Gehen in diesen sich imaginär öffnenden Zonen macht Freude, und ich fange, angetörnt von lauter wachen Beobachtungen, leise an zu summen.

Ein Hund bemerkt mich, hält inne und schaut mich an. Ein Vogel wippt auf einem Ast, als sollte das Wippen seine Schaulust kommentieren. Und weit oben, über den Baumwipfeln, kreist ein Raubvogel, aufmerksam, hoch konzentriert – und rührt mit seinen Schwingen das Himmelsblau an, einen blassen, fasrigen Nebel.

v (März)

Viele markante Punkte der nahen Landschaften sind eng mit den Erinnerungen an die Kindheit verbunden: die dreihundertjährige Eiche mit dem Klettern auf ihren mächtigen Ästen, die steilen Felsen am Fluss nahe dem Gasthof der väterlichen Verwandten mit den ersten, Mut fordernden Sprüngen aus der Höhe ins dunkle Wasser, die ins Tal abfallenden Wiesen mit den frühsten Aufenthalten auf den Hochsitzen an den Waldrändern.

Jede dieser Erinnerungen besteht aus Szenen und Stimmungen, und wenn ich ihnen sehr nahe bin, beleben sie sich und werden so stark, dass ich oft in den Nächten wieder von ihnen träume.

vi (April/Mai)

Ums Haus ist das Grün aufgeschossen – nicht das helle, muntere mit weißen Blüten, sondern ein erdiges, westerwäldisches Grün, ein Schattengrün, als müssten sich die Pflanzen noch besinnen. Sie werfen ihre Blätter wie Fänge aus, die nach allen Seiten hin greifen, den Kontakt mit dem Boden haltend und suchend.

vii (Mai)

Die weiten Wiesen sind jetzt, Ende Mai, längst gemäht, und die schmalen, sonst unsichtbaren Wege erscheinen in einem stärkeren Grün – als Abdruck der Spuren, die von den Traktoren in den letzten Jahren hinterlassen worden waren.

So wirkt der sanft zu einer Höhe hin ansteigende

Hügel nicht wie gemäht, sondern wie (mit Spuren eines Scheitels) gekämmt.

Am liebsten hätte ich meine Hand ausgestreckt, um den Erdkopf entlangzufahren, dann aber folgte ich den Spuren und ließ mich von ihnen kilometerweit begleiten und rahmen.

VIII (Juni)

In den Traumbildern kehrte das helle Maigrün zurück. Ich verließ die schmale Landstraße und bog ab auf die Felder und Wiesen.

Sie streckten sich bis zum Horizont, und der blaue Himmelsquerstrich erschien wie ein Meer in sehr weiter Ferne. Ich stand still und schaute …

IX (Juni)

Auf den sommerlich trockenen Waldwegen folgte ich meinem Schatten. Zwei Reiterinnen kamen vorbei und setzten ihre Wege von einem Moment auf den andern im Galopp fort.

Eine dunkelblau gekleidete Läuferin tauchte aus dem Tal auf und lief grußlos hinab in die nächste Senke.

Die Rinder standen im Schatten eines Waldrands und zupften mit ihren vor Hitze steif gewordenen Zungen an bleichen Gräsern.

Ein mächtiger Raubvogel erhob sich von einer Eiche und segelte schwungvoll über die Wiesen.

Im Trockenbett des Flüsschens wartete ein Fischreiher auf den nächsten Fang, aufmerksam, klug, ein Testesser mit gutem Geschmack.

x (August)

Fast zugleich mit dem Sonnenaufgang löste sich ein schwacher, aber anhaltender Wind aus den Höhen und senkte sich auf die Wiesen. Schon bald aber brach das Sonnenlicht durch und erstickte die Landschaft Partie für Partie.

Die Wälder erstarrten reglos, die Fichten ermattet, mit hängenden, zerfurchten Zweigen, die Eichen verloren mitten im Sommer das Blattlaub, und die Buchen klammerten sich mit ihren hellgrauen Stämmen in den Wust des olivfarbenen Sands der früher noch dunkel schimmernden Erde.

Auch die Wiesen waren längst von einem nachdunkelnden Braun überzogen und die Maisstauden ausgedorrt bis in die Spitzen, im letzten Wind strohig raschelnd.

Die Rinderherden verloren bis zum Mittag alle Orientierung und standen in verlassen wirkenden Gruppen unter wenigen Bäumen, einzelne Tiere hatten es bis dahin nicht mehr geschafft und blickten, isoliert, verlassen, ins Leere.

Ich huschte von Wald zu Wald, legte mich manchmal ins nachfedernde Moos, folgte den ausgetrockneten Bachläufen und suchte nach dem geeigneten Platz für den ausgedehnten, schwere Stille ankündigenden Mittag.

xi (August)

Ich ging mehr als eine Stunde über die nahen Höhen und erreichte den großen Waldsee, in dem ich an warmen Sommertagen gern schwimme. Ich saß eine Weile am Ufer und schaute den Badenden zu, es waren nicht viele, oft schwammen sie zu zweit und unterhielten sich während des Schwimmens so laut, dass ich sie gut verstehen konnte.

Im Sommer ist der Boden des Sees an den Rändern von hellgrünen Algen besetzt, ich suchte nach einem Durchgang, doch die Algen ließen nicht los, sondern klammerten sich an die Beine, bis ich zu den tieferen Partien gelangt war.

Die Waldbäume ringsum stehen sehr dicht. Vom See aus betrachtet, wirken sie wie ein dunkles, schützendes Reich, in dem nachts das Wild in Scharen unterwegs ist. Tagsüber ist es jedoch selten zu sehen. Nur wenn man etwas Glück hat, sieht man unerwartet zwei Rehe, die aus den Schatten treten und den See wie eine schöne Erscheinung lange betrachten.

Ein Schwimmen wie das im Waldsee kenne ich sonst nicht. Ich tauche viel und überhöre schon bald die anderen Stimmen. Der Wald scheint seine dunkle Stille wie eine weite Decke auf die große Wasserfläche zu breiten, ich vergesse die anderen Welten und schwimme in eine dichte, innere Ferne, und wenn ich den See nach etwa einer Stunde wieder verlasse, wirkt die Betäubung nach, und ich bin auf dem Rückweg ein zappelnder Fisch, der ins Netz des Landes geraten ist.

XII (September)

Ich ging den schmalen, über Stock und Stein ins Tal springenden Bach entlang und erreichte den Fluss, in dessen Mitte sich mehrere hellgraue Felsbrocken erhoben. Das Wasser umkreiste sie, und die vielen Büsche an den Ufern warfen dunkle Schatten in die glitzernde Flut, die nach einem schnurgeraden Verlauf plötzlich zu einem mächtigen Bogen ausholte.

Ich überlegte, ob ich ihm einmal mit einem Kanu folgen sollte und erinnerte mich an Kindertage, an denen ein solches Fahren abenteuerlich gewesen war: unterwegs wie ein Indianer, fast geräuschlos, ohne eine Spur zu hinterlassen.

XIII (September)

Der Mais steht hoch und so dicht, als wollte er die Felder mit seinen schweren Kolben verschließen. Das blasser gewordene Grün hält sie kaum noch, und das Gelände erscheint wie ein geschlossenes, nicht mehr begehbares Terrain ohne jeden möglichen Zutritt. Im Ganzen wirkt es exotisch, wie die Gestalt einer tropischen Urlandschaft, zu der große Vögel mit buntem Gefieder gehören.

Die aber stellen sich nicht ein, nein, es gibt keine Tiere und keine Bewegung in der Nähe dieses starken Wachstums, das alles andere verdrängt.

Der Mais brütet den Sommer aus, und er steht noch, wenn die goldsatten Kornfelder längst abgeerntet sind.

XIV (Oktober)

An den Abenden wurde es frisch. Ich ging viel schneller als noch vor Wochen, folgte den schmalen Straßen, bog ab auf die Felder und freute mich, wenn das rosarote Gewölk in breiten, hingepinselten Streifen aufzog und sich am Horizont ausdehnte.

Die dicht gedrängt stehenden, höher gewachsenen Sträucher schwankten im leichten Wind, die Hecken malten die Bodensphären tiefdunkel. Während aus den Wipfeln die helle Mondscheibe vorsichtig kletternd aufstieg, klar, frühherbstlich – vor dem metallen leuchtenden, duftenden Himmelsgrund …

XV (November)

Das Gehen durch den Herbstwald berauschte mich. Anders als im Frühjahr und im Sommer war der Wald keine tiefgrüne, schattige, in sich geschlossene Sphäre.

Der Fall der Blätter lässt die Sonne aus vielen Richtungen durch den Baumbestand schießen, und die sich bereits kahl stellenden Stämme treten hier und da wie knorrige Obelisken hervor.

Dazu der bunte, sich breit lagernde Blätterteppich des Bodens und die letzten schimmernden Blätterfarben in den höheren Lagen, hingezaubert wie von Klimt.

Stark gemischte Düfte von faulenden Pilzen, feuchter Erde und zerfallendem Blattwerk. Nebelballons über den Wiesen und im Aufbruch der Lichtungen.

Und plötzlich: der Sonnenguss aus den Himmeln, mit all seiner Heftigkeit, als strömten die späten Energien noch einmal mit der Kraft des lodernden Sommers.

XVI (Dezember)

Nach einer eiskalten Nacht ist der aufgeweichte Feldweg gefroren und fest. Auf den mattweiß wattierten

Wiesen liegen die kristallinen Segmente des Reifs. Sie geben den Gräsern und Blättern der Pflanzen scharfe Konturen und lassen sie bis zum Durchscheinen der Sonnenstrahlen erstarren.

Keinerlei Wind, als atmete die Landschaft nicht die Luft, sondern Kühlstoffe, die ihr aus fernen Depots zuflogen.

Ich wollte nicht aufhören zu gehen und wünschte mir, die Szenen um mich herum ließen sich zeitlos erhalten.

MIT DEM RAD UNTERWEGS

1.

An Weihnachten hatte ich mein erstes Fahrrad bekommen. Nach mehreren Probefahrten durfte ich das Gelände der Eltern verlassen und die nahe Umgebung durchstreifen. Das verlief ganz anders als das Gehen zu Fuß in Begleitung des Vaters, denn das Radfahren brachte mich in Windeseile an Orte, die ich vorher gar nicht bemerkt oder nur selten passiert hatte.

Während des Gehens durch die Landschaft war ich oft ermüdet und hatte die Aufmerksamkeit für einen Hof oder eine Lichtung schließlich verloren. Beim Radfahren passierte das nie, meist kam ich frisch und neugierig an einem noch nicht erforschten Terrain an, stellte das Rad ab und machte mich auf einen Erkundungsgang.

In einem kleinen Weiler in der Nähe wohnte eine ältere Frau, die mit uns verwandt war. Ich wusste über diese Verwandtschaft aber nicht genau Bescheid und hielt sie der Einfachheit halber für eine Tante. Sie wohnte allein in einem kleinen, verwinkelten Gebäude neben zwei großen Scheunen mit einigen Kühen. Daneben lagen weite Felder mit Pferden, und auf dem Hofgelände liefen manchmal ein paar Schweine herum. Vor allem aber gab es Katzen, sehr viele Katzen. Sie quollen in Rudeln rasch aus der Tür des Hauses, wenn sie einen Spalt geöffnet wurde, und sie versteckten sich danach auf dem gesamten Gelände um das Haus herum.

Als ich der Tante zum ersten Mal begegnete, wusste

sie nicht genau, wer ich war. Sie war draußen bei den Hühnern und fütterte sie, und sie musterte mich erstaunt und überlegte, ob und wo sie mich schon einmal gesehen hatte. Das fragte sie dann auch, und ich nannte ihr meinen Vornamen und sagte, dass ich der Johannes sei. »Welcher Johannes?«, fragte sie, und ich begriff, dass es anscheinend mehrere Jungs mit diesem Namen in der großen Verwandtschaft gab. Ich nannte ihr die Vornamen meiner Eltern, da lachte sie und sagte: »Ach, *der* Johannes bist du!«

Gleich bei unserem ersten Treffen bat sie mich ins Haus und wollte mir etwas zu trinken geben, ich traute mich aber nicht hinein und blieb draußen stehen. Sie ließ mich die Hühner füttern und erklärte mir die Unterschiede zwischen den einzelnen Tieren, deren besondere Eigenarten sie genau kannte. Ich hatte nicht gewusst, dass auch Hühner ein Eigenleben führten und jedes anders auf das Futter und die Ansprache reagierte. Ich merkte mir ihre Namen, und als ich später wieder zu Hause war, legte ich eine kleine Liste an und notierte, was mir an ihnen aufgefallen war.

Ich fuhr sehr gern zu der älteren Tante, aber ich erzählte den Eltern davon nicht viel, sondern erwähnte meist nur kurz, dass ich bei ihr vorbeigefahren sei. In Wahrheit traute ich mich längst, in ihr Haus zu gehen. Oft roch es nach Gebäck oder Geschlachtetem, meist aber nach Katzenfutter, und auch wenn ich am Tisch auf einem Schemel Platz genommen hatte, spielten die Katzen die größte Rolle und wurden wie die Hühner auf ihr Eigenleben hin betrachtet.

Ich trank ein Glas Wasser mit einem Sirup, den die Tante selbst hergestellt hatte. Es gab Himbeer- und Brombeersirup, und man goss jeweils nur ein paar Tropfen in ein Glas und ließ dann das Wasser darüber fließen. Die Tante beobachtete mich, wenn ich trank, sie lachte wieder und sagte: »Das schmeckt Dir, was?« Ich nickte und leckte mir die Lippen, aber ich trank nie ein zweites Glas.

Da sie bald wusste, dass ich bunte Zeitungen oder Zeitschriften mochte und viele Fotografien ausschnitt, hob sie alles Mögliche für mich auf. Das meiste war Werbung, die sie sonst weggeworfen hätte. Sie tat die Blätter in eine Folie und übergab sie wie ein besonderes Geschenk oder eine Sammlung von Staatsakten. Ich schaute mir die Sachen später zu Hause an und klebte, was mir gefiel, auf kleine Kartons.

Manchmal spielten wir auch etwas zusammen: *Mühle* oder *Mensch ärgere Dich nicht*. Das Spielen schien der Tante richtig Spaß zu machen, denn sie war immer bei der Sache und kommentierte fast jeden Zug. Ich selbst mochte solche Spiele nicht sehr, aber ich sagte nichts, sondern tat so, als wäre ich auch aus dem Häuschen, wenn ich gewonnen hatte. Die Spiele verliefen sehr ausgeglichen, und die Tante machte auf einem alten Pappdeckel immer einen Strich, der anzeigte, wer von uns beiden gewonnen hatte. Mit der Zeit bildeten die vielen Striche kleine Kolonnen, die Tante zählte sie jedes Mal durch und verkündete den neusten Stand der Dinge.

Außerhalb des Hauses bewegte sich die Tante

kaum. Sie blieb entweder in den überheizten Räumen oder auf ihrem Hofgelände, sprach mit den Tieren und versorgte sie. Ein- oder zweimal in der Woche fuhr sie mit einem alten Mercedes zum Einkauf oder zur Kirche und unterhielt sich danach mit anderen Gläubigen. Sie wusste immer gut über das Leben im Dorf Bescheid und kannte viele Namen und Verwandtschaftsgrade. Wenn ich sie besuchte, sprach sie davon, und ich hörte zu und versuchte, mir etwas davon zu merken. Ich brachte die Geschichten aber durcheinander und hätte sie nicht nacherzählen können, schließlich strengte mich das Zuhören richtig an, und ich hörte weg und ließ sie erzählen, was auch immer ihr gerade einfiel.

Anders als die meisten Menschen, denen ich begegnete, fragte mich die Tante nie etwas. Sie wollte nichts von der Schule wissen und auch nichts von den Eltern, sondern beschränkte sich darauf, vom Leben im Dorf zu berichten. Ich selbst fragte sie auch nichts, obwohl ich doch gehört hatte, dass sie verheiratet gewesen war und sogar mehrere Kinder hatte. Die Kinder tauchten jedoch nie auf, und der Mann war wohl längst gestorben.

Auf dem Küchenbüfett stand ein kleines Schwarz-Weiß-Foto in einem goldenen Rahmen, das zeigte die Tante zusammen mit ihrem Mann in Hochzeitskleidung. Beide lachten ausgelassen, als hätten sie den anderen einen Streich gespielt. Wenn die Tante gerade mal nicht in der Nähe war, schaute ich mir dieses Foto an und versuchte mir vorzustellen, wie das Hochzeitsfest wohl verlaufen war. Ich sprach aber nie darüber, sondern phantasierte frei herum.

Das alles spielte in der Zeit, in der ich sehr viel phantasierte. Ich wusste über so manches nicht genau Bescheid, dachte und phantasierte mir aber oft meinen Teil, und so wurde auch die Tante in meinem Kopf allmählich zu einer Phantasiegestalt. Sie war die Tante im Fuchsbau, umgeben von sehr vielen Katzen, und sie war die Hüterin der neusten Nachrichten und des bunten Lebens in den Zeitschriften. Vor großen Festtagen beschenkte sie mich mit einer Süßigkeit, einer Schokolade oder einer Tüte Gebäck. Ich nahm die Geschenke mit nach Hause, versteckte sie oder aß sie unterwegs heimlich, und jedes Mal, wenn ich davon aß, glaubte ich, die Düfte des Fuchsbaus zu riechen, eine wohlige und gutherzig wirkende Wärme, die Wärme der vielen Tiere, mit denen sie zusammenlebte.

2.

Wenn ich mit dem Rad unterwegs war, machte ich oft an einem der vielen Hochsitze Halt und kletterte hinauf. Sie standen an den Waldrändern auf den Höhen, versteckt zwischen mächtigen Bäumen. Verschlossen waren sie nie, man konnte die Holztür leicht öffnen, und drinnen befand sich meist nichts anderes als ein Sitz und eine Ablage.

In meinem Rucksack hatte ich etwas zu essen dabei, aber ich konnte nicht warten, bis ich Hunger gehabt hätte. Ich streifte das rote Gummi von den in Butterbrotpapier gewickelten Broten und schichtete sie aufeinander. Zuerst trank ich von der Limonade, die ich in einer grünen Flasche ebenfalls mitgenommen hatte, dann kamen die Brote dran, und ich hörte nie auf zu essen, bevor ich alle verzehrt hatte.

Manchmal erschien das Wild auf den nahen Wiesen. Die Tiere bemerkten mich aber nie und schienen kaum auf die Umgebung zu achten, sondern bewegten sich wie in Trance. Ich störte sie nicht, sondern fotografierte sie nur, und selbst das erschien mir manchmal zu viel, als könnte ich sie verletzen.

Die Fotos zeigte ich niemandem, selbst meinem Vater nicht, der zu jedem etwas gesagt und mich auf vieles aufmerksam gemacht hätte. Ich wollte das jedoch nicht, denn die Tiere erschienen mir wie Wunderwesen, die in Märchen gehörten und an deren Geheimnisse man nicht rühren sollte.

Meist konnte ich mich nur schwer trennen. Ich saß lange auf meinem Stuhl und schaute bewegungslos in die Landschaft. Der Hochsitz war der erste Raum, der zu mir gehörte und den ich mit niemandem teilte. In ihm hatten meine Träume ein Zuhause, Träume, die von Lektüren ausgelöst worden waren und sich zu wilden Phantasien entwickelten.

Sie gingen mir durch den Kopf, wenn ich dasaß und schaute, sie rankten sich an den Ästen der Bäume entlang und fegten durch die Wälder. Wer war dort unterwegs? War jemand hinter mir her? Konnte ich den Verfolger abschütteln? Oder würde er mich zu fassen bekommen und den Hochsitz zu Fall bringen?

Je länger ich saß, umso dreister wurden manchmal die Ängste, und wenn ich schließlich die schmale Leiter hinabstieg, zitterten mir die Beine, bis ich wieder festen

Boden erreicht hatte. Dann stieg ich aufs Rad und fuhr schneller und schneller, nichts wie nach Hause, sagte ich zu mir, nichts wie ..., aber rasch ..., rasch ..., rasch ...

3.

Die einzigen Tiere, die mir nahe kamen, waren die Graureiher, die oft zu zweit die Wiesen abgrasten. Ich mochte sie mehr als alle anderen Tiere, weil sie mich jedes Mal mit ihren Flugminuten überraschten. Sie schwangen sich mit wenigen Bewegungen in eine mittlere Höhe und segelten dann elegant, ohne Aufhebens zu machen, über das Grün.

Ich stieg aufs Rad und beobachtete sie von der Landstraße aus. Sie hatten ihre eigenen Rhythmen und solidarisierten sich mit niemandem. Meist peilten sie nahe Bäche oder Gewässer an, blieben aber auf den Wiesen, bis sie sicher waren, in den feuchteren Zonen etwas zu finden, das sie mit ihren langen Schnäbeln hätten aufspießen können. Sonst kontrollierten sie das weite Grün, das sie mit ihren ruckartigen Schritten vermaßen, ungeheuer bedächtig und niemals ermüdend.

Wenn ich in die Hände klatschte, hielten sie lange inne und schauten mich an. Ich hätte gern gewusst, was ihnen dann durch den Kopf ging. Interessierte sie die ferne Erscheinung, die den Kasper spielte? Ich bekam es nicht heraus, und schließlich wurde es mir peinlich, so lange betrachtet und von ihren Blicken durchbohrt zu werden.

Also setzte ich mich wieder aufs Rad und tat es ihnen gleich: sich ein wenig erheben und übers Land segeln.

Einige Räume und Orte des Westerwaldes suche ich immer wieder auf, weil sie zur Meditation über den Westerwald einladen. So das Restaurant »Alte Vogtei« in Hamm an der Sieg, das in meinen Augen nicht nur ein charakteristisches, traditionsreiches Westerwald-Haus ist, sondern auch mit einer Küche aufwartet, die durch und durch von den Erzeugnissen des Westerwaldes geprägt ist.

Außer in der Dorfkirche von Wissen habe ich Gottesdienste, Andachten oder sonstige religiöse Zeremonien vor allem in der Abtei Marienstatt erlebt. Hier war und ist mir die Teilnahme an den mönchischen Gebetszeiten wichtig, bei denen ich den gregorianischen Choral als eindringliche Form des Gebetes kennenlernte.

Ein drittes Zentrum meiner »Westerwald-Hypnosen« ist schließlich Erwin Wortelkamps TAL *in Hasselbach. Ich habe es unzählige Male durchwandert und meine Eindrücke einmal sogar in einem Buch zusammengestellt, in dem ich die geodätischen Beobachtungstechniken meines Vaters auf Wortelkamps Skulpturenlandschaft angewandt habe (»Beschreibung von Erwin Wortellkamps* TAL *bei Hasselbach im Westerwald«). Im* TAL *befindet sich auch der einzige Raum, der in fast andächtiger, konzentrierter Form auf den großen Westerwald-Fotografen August Sander verweist.*

»Alte Vogtei«, Abtei Marienstatt und das TAL *haben durchaus vieles gemein. Im Grunde sind es bescheidene und doch ungeheuer ausdrucksstarke Räume, die nicht zum exaltierten oder extrovierten Dasein, sondern zur*

Meditation verführen. Alle Drei kann man Konzentrate des Westerwaldes nennen. Hätte man sie ausreichend kennengelernt, könnte man über all das nachdenken, was »den Westerwald« ausmacht.

Das Landschaftsmuseum Westerwald (in Hachenburg)

Das Landschaftsmuseum Westerwald in Hachenburg ist in meinen Augen kein Museum, sondern ein westerwäldischer Erinnerungsraum, der mich weit in die eigene Kindheit und Jugend zurückführt. Ich besuche ihn oft, weil ich in seinen alten Gebäuden und Räumen vieles von dem wiederfinde, was ich vor allem bei meinen väterlichen Verwandten auf ihrem westerwäldischen Hof kennengelernt habe. Die Gebäude sind daher für mich keine bloßen Schauräume der historischen Anschauung, sondern lebendige Zonen, die vergangene Szenen aktivieren und zum Sprechen bringen.

Auf der Homepage ist zu lesen, dass dieses Museum die Kulturgeschichte des Westerwaldes vom achtzehnten bis zum zwanzigsten Jahrhundert zeige, konzentriert auf das bäuerliche Wohnen, Leben und Arbeiten, wie es lange Zeit bis um 1960 üblich gewesen sei. Die Endphase genau dieses Zeitraums habe ich als Kind noch erlebt, viele meiner Verwandten waren Bauern und arbeiteten auf ihren Feldern, so dass jedes der acht Museumsgebäude einen bestimmten Teil ihres Lebens in Szene setzt.

Zum Beispiel die große Scheune mit ihrem Holztor, das geöffnet den Blick in die Tenne und in die an beiden Seiten sich anschmiegenden Lagerstätten für Getreide, Stroh und Heu freigibt. Beim Eintritt in eine solche Scheune umhüllte einen ein schwerer, trockener Geruch, oft standen auch Traktoren und andere Geräte im Eingangsbereich, als Kind bestand eine starke Versuchung darin, auf einen der Traktoren zu klettern und das Lenkrad hin- und herzudrehen.

Die Scheune war ein besonders stiller Bezirk, eine Brutstätte der Ernte, die sich in ihren hohen, weiten Räumen ausdünstete. Für ein Kind war sie ein idealer Rückzugsraum, weil die Erwachsenen nur selten hereinkamen. Hinter Strohballen oder auf Heuhalden konnte man sich verstecken und für sich bleiben, man konnte lesen, nachdenken und träumen oder auf die Geräusche und Stimmen ringsum lauschen.

Nahe der Scheune steht ein Backes, wie ich ihn in einer schlichten Form als kleines Fachwerkhaus am Straßenrand, abseits der sonstigen Häuser, auch noch gekannt habe. Im Backes wurde alle paar Wochen kostbares Brot gebacken, dunkles Schwarzbrot, aber auch goldgelber Puffert, ein beliebtes Kartoffelbrot, das mit gesalzener Butter besonders gut schmeckte und in dieser Kombination als eigene Mahlzeit galt.

Als Kind näherte man sich dem Backes nur mit einiger Scheu, man kam ihm nie allzu nahe. Wenn sich der eiserne Schlund des Ofens öffnete und das lodernde oder aufglimmende Feuer freigab, erschrak man und starrte wie hypnotisiert in die Flammen.

Das gebackene Brot war noch lange warm und kam später auf ein hoch hängendes Brotgestell im Keller, das es der Fresssucht von Mäusen entziehen sollte. Im Keller waren sie fast immer zu hören und auch manchmal zu sehen, sie bewegten sich blitzschnell, kannten jedes Loch und jede einzelne Öffnung und wirkten wie durchtriebene Gesellen, denen man wegen ihrer Schläue und der präzisen Kenntnis des Gebäudes nie habhaft werden konnte.

Zwischen Scheune und Backes aber steht die kleine Dorfschule, die, wie mein Vater oft erzählte, jener Dorfschule ähnelte, die auch er einmal besucht hatte. Auf den eng hintereinanderstehenden Schulbänken liegen Schreibtafeln, und vor der weißen Stirnwand steht eine besonders große Lerntafel, die vor allem für den Lehrer bestimmt war. In einer solchen Schule unterrichtete er zu Lebzeiten meines Vaters noch allein und oft mehrere Klassen zugleich.

In einer Ecke dämmert eine bunte Landkarte vor sich hin, die in langweiligen Minuten die Blicke anlockte. Starrte man eine Weile auf ihre Farben, bewegten sich ihre Flüsse, und die Landpartien gerieten in Bewegung, als befände man sich in einer Kutsche oder auf dem Hochsitz eines Pferdegespanns.

Die Museumsdorfschule wirkt wie eine Spielschule, als hätte es in ihr nie den Ernst des Schullebens gegeben. Und wahrhaftig – wenn mein Vater von dieser Dorfschulzeit erzählte, kamen mir die Berichte wie märchenhafte Filmsequenzen vor, die von einem sorgenfreien, frohen Kinderleben erzählten. In ihnen hatte der Lehrer mit den Kindern noch eine Gemeinschaft gebildet, die sich anscheinend weniger dem strengen Lernen als dem ruhigen Begreifen verschrieben hatte.

Man glaubt das Murmeln des ersten kindlichen Lesens zu hören, das Kratzen des Griffels auf der Schreibtafel, das Umblättern der Lesebuchseiten – und man ahnt etwas von der Fremdheit der Zahlen und sonstigen Zeichen, die sich auf Schautafeln in Reih und Glied wie gefährliche Phantome präsentieren. Ein alter Magier hatte sie erfunden, man wusste nicht viel von ihm, sondern ahnte nur, dass er mit dem weiten Universum in geheimer Verbindung stand. Vielleicht war er einmal auf dem Mond gewesen und mit den Planeten um die Sonne gekreist, nur während solcher Reisen konnte er auf das Rechnen und die vielen anderen Kunststücke gekommen sein.

Im großen Mühlenhaus sind die eigentlichen Wohnräume untergebracht, darunter die Wohnstuben mit schweren Eichenmöbeln, Stühlen und einem majestätischen Armlehnstuhl, mit einer Standuhr, Truhen und Schränken. Hier kamen die oft kinderreichen Familien spätestens an den Abenden zusammen. Einen Webstuhl wie in den musealen Stuben habe ich in den Wohnräumen meiner Verwandten nicht mehr gesehen. Er soll einmal existiert haben, später muss er aber anderen Einrichtungsgegenständen Platz gemacht haben.

Ich freue mich jedes Mal, wenn ich das alte Klavier entdecke. In meinen Phantasien ist es das Klavier, das im Empfangsraum des Gasthofs meiner Großeltern stand und auf dem mein väterlicher Großvater oft spielte. Dieses Klavierspielen erscheint mir wie ein Urmoment des eigenen Lebens, und ich kann manchmal nur verwundert den Kopf schütteln, wenn ich mir den bereits älteren Mann vorstelle, einen Gastwirt und Bauern, der sich an ein Klavier setzte und die Kinder und Gäste mit seinem Spiel unterhielt.

Wie hatte er sich dieses Können erworben? Unterricht hatte er nicht erhalten, er hatte sich das Klavierspiel selbst beigebracht und rasch Fortschritte gemacht, mit großem Geschick und anscheinend versehen mit der Gabe eines guten Gehörs. Was hat er alles gespielt? Ich habe einige Verwandte, die dieses Spiel erlebt haben, einmal danach gefragt und die Antwort erhalten, er habe »einfach alles« gespielt, von Chorälen und Kirchenliedern bis zu Märschen und Volksliedern, »einfach alles« also in dem Sinn, dass es keine solistisch gedachte Musik war, sondern Stücke, die normalerweise von vielen Menschen zugleich gespielt oder gesungen wurden.

Neben der guten Stube zieht das Mobiliar der Schlafstube die Blicke an, etwa das schwere Himmelbett mit Baldachin, der Kleiderschrank, die Kommode und vor allem die bunten Heiligenfiguren in den Fenstern. Dieses Ensemble hat etwas Ernstes, beinahe Feierliches, als hörten der Spaß und das Reden beim Betreten der Schlafstube auf. Sie wirkt entrückt, mit den tieferen Gedanken oder gar der vollkommenen Stille verbunden, eine Trauminsel, wo die aus einem fernen Jenseits eingeflogenen Heiligen die Einstimmung übernommen haben.

Gut, dass es außerdem noch die Küche gibt, vor allem die mit der beeindruckenden »Kochmaschine«, einem gusseisernen, freistehenden Herd mit eigenem Rauchabzug, einem Backofen und einer großen Herdplatte mit mehreren Öffnungen, deren eingelegte Eisenringe die Töpfe aufnahmen. Im großen Kessel wurde an Herbsttagen »Quetschekraut« (Pflaumenmus) zubereitet und im Winter Würste, Kesselfleisch und die beliebte Wurstsuppe aufgesetzt und gebrüht. Letztere habe ich als Kind häufig zu essen bekommen, die starke Lust auf ein solches Essen habe ich ein Leben lang bewahrt, so dass ich noch heute immer dabei wäre, wenn es die Gelegenheit gäbe, Brühwürste und Wurstsuppe zu essen.

Die Wohnküche war der eigentliche Versammlungsraum, in ihm wurde auch der Kaffee gemahlen und ausgeschenkt. Das ganze Jahr über war er der erwärmte, aufnahmebereite und durch seine Küchendüfte anlockende Raum, wo es nicht selten auch den Herrgottswinkel gab, der nicht der Anbetung diente, sondern der Erweiterung der speisenden Gemeinschaften um die Idee der himmlischen.

Wie schade, dass im Landschaftsmuseum Westerwald nichts vom Sprechen, Reden oder gar Singen der alten Westerwälder zu hören ist. Wenn ich durch die Räume gehe, habe ich ihre Sprache manchmal im Ohr, und was ich dann höre, sind die Töne und Klänge dessen, was man *Wäller Platt* nennt.

Wenn ich als Kind von Köln her im Westerwald ankam, traf ich noch auf viele Menschen, die in der Umgebung von Wissen/Sieg *Wäller Platt* sprachen. Meine bäuerlichen Verwandten sprachen es sogar fast ausschließlich, während die anderen nur einige Wendungen ins Hochdeutsche schmuggelten und höchstens im Zustand besonderer Erregung ganz ins *Wäller Platt* verfielen.

Ich hörte das dunkle, rumorende und in meinen Ohren besonders »deftige« Sprechen sehr gern, verstand es aber nie ganz, sondern meist nur in Bruchteilen. Es war vor allem die Verständigungssprache jener Menschen, die sich in dieser Region des Westerwaldes ganz zu Hause fühlten, die hier also geboren waren oder deren Familien schon seit Generationen hier lebten.

Immer wieder bekam ich zu hören, dass das *Wäller Platt* nur der Dialekt einer sehr begrenzten Region sei und dass die Dialektformationen schon von Ort zu Ort sehr verschieden sein konnten. Fest stand immerhin, dass *Wäller Platt* ein mitteldeutscher Dialekt war und Teil des Moselfränkischen, das sich von der Mosel über den Rhein bis hinauf ins Siegerland erstreckte. Genau diese Region empfand ich lange auch gleichsam als meine erweiterte »Heimatregion«. Zu ihr gehörten die Mosel, Teile der Eifel, die Rheinlandschaft um Koblenz und Neuwied sowie Limburg und die Gegenden des Hohen Westerwaldes.

In ihr bewegte ich mich in den fünfziger und frühen sechziger Jahren als Kind und Jugendlicher oft mit der

Familie, und es war eben kein Zufall, dass die ersten längeren Wanderungen (gemeinsam mit dem Vater) durch die westerwäldischen Landschaften, die Rheintäler und entlang der Mosel verliefen.

Ich erinnere mich noch gut, dass ich nach einigen Tagen der Eingewöhnungsphase, oft ohne es genau zu bemerken, selbst Bestandteile des *Wäller Platt* übernahm und mein eigenes Hochdeutsch mit bestimmten, immer wiederkehrenden Brocken würzte. Kehrte ich wenig später nach Köln zurück, bekam ich den Spott der dort lebenden Rheinländer ab und wurde oft ausgelacht, als wäre ich ein bäurischer Kauz, der anscheinend mehr mit den Tieren auf den Feldern als mit Menschen gesprochen hatte.

Noch heute gehören die Dialektwörterbücher des *Wäller Platt* aber zu meinen Lieblingslektüren, und es kommt vor, dass ich eine dieser mit ungeheurem Arbeitseifer entstandenen Sammlungen irgendwo aufschlage und mir die Wendungen laut vorspreche, um zumindest auf diesem Weg wieder zurückzufinden in die alten Klangwelten.

So hat etwa Willy Hain im Jahr 2002 ein *Westerwälder Mundart-Lexikon* herausgegeben, das, wie er selbst im Vorwort schreibt, »auf dem von mir in den Jahren meiner Kindheit und Jugend selbst *geschwäzzden* Dialekt in der Gegend von Hachenburg« basiert. Und Gerhard Augst, Professor für deutsche Sprache an der Universität Siegen, hat mehrere umfangreiche Dialektwörterbücher von westerwäldischen Verbandsgemeinden (wie Helmenzen, Altenkirchen oder Flammersfeld) vorgelegt, die zu seinen Kindheits- und Jugendregionen gehören.

Diese Dialektwörterbücher sind durch die Zusammenarbeit vieler Einheimischer entstanden, die genau über ihr mundartliches Sprechen informierten und es in die gemeinsame Arbeit einbrachten. Ihr Sprechen wurde aufgenommen, verschriftet und gesammelt und bildet inzwischen einen beeindruckend großen Schatz alter Sprache auf dem Westerwald. An dem Buchprojekt des Altenkirchener Dialektwörterbuchs beteiligten sich zum Beispiel rund 60 Sprecherinnen und Sprecher, gesammelt wurden 7000 Wörter und 3000 Beispielsätze aus 42 Ortsgemeinden.

Unter den ausgewerteten Texten waren auch Gedichte, Erzählungen, Sagen, Berichte und ein Theaterstück. Gerade solche Texte interessieren mich besonders, da ich seit langem auch nach literarischen Zeugnissen über den Westerwald suche und noch immer von einem *Literaturmuseum Westerwald* träume. In ihm wäre nicht nur die belletristische Westerwald-Literatur, sondern auch die Literatur der vielen Heimatforscher präsent, die sich in auffallend großer Zahl, oft unterstützt von Vereinen und Institutionen, dem Studium westerwäldischen Lebens und den Zeugnissen ihrer Kulturen gewidmet haben.

Das *Wäller Platt* könnte dabei nach wie vor eine bedeutende Rolle spielen. Schließlich handelt es sich nicht nur um einen Dialekt, sondern um eine eigene Sprache, deren Wörter und Wendungen die Mentalität ihrer Sprecherinnen und Sprecher präziser und lebendiger treffen als jedes Hochdeutsch. (Geschichte, Grammatik und Wortschatz des Westerwälder Dialekts hat Christian Heger in seinem Buch *Wäller Platt* umfassend vorgestellt.)

Im *Dialektwörterbuch des Kreises Altenkirchen* hat Gerhard Augst dem Heimatlyriker Walter Ochsenbrücher die Gelegenheit gegeben, zum *Ausklang* daran zu erinnern, wie es mit dem *Wäller Platt* einmal stand, wie es durch Hochdeutsch immer mehr verdrängt wurde und welche Verluste dadurch entstanden sind.

Sein Gedicht *Dat huhe Döitsch* (S. 367) beginnt so:

Ma kricht och frööer ön de Schuel ald nuer da huhe
Döitsch jelierd,
on schriff ma mohl ön plattes Woad, dann woar dat
och net gans verkiejed.
Möt den Johren wua dat schlömmer, moss ma doch zo
gora-lezt
jedes platte Woad vagääsen, nur nooh de Schrifd wuer
noch jeschwäzzt.
Doch höid ös öt jedem klar, dat dat ön grueßer Fähler
war …

Wäller Platt 2 – Drei Miniaturen

Fäddisch!, sagt der junge Tankstellenbesitzer, der dem älteren Herrn gerade beim Tanken geholfen hat. Der ältere Herr tut sich schwer damit, den Griff des Tankschlauchs zu halten, er rutscht ihm manchmal aus der

Hand, und dann entsteht eine kleine Benzinlache, die niemandem Freude macht.

Fäddisch!, sagt der junge Tankstellenbesitzer und wartet auf das Trinkgeld, das der ältere Herr ruhig einmal rausrücken könnte. Tut er aber nicht, er zahlt kein Trinkgeld, sondern erwartet ganz selbstverständlich, dass man ihm hilft.

Der hät nen Furz im Kopp, denkt der junge Tankstellenbesitzer und meint damit, dass der ältere Herr sich etwas auf sich einbildet – was genau, tut nichts zur Sache, es reicht die Feststellung, dass *der Kopp* eine Blähung enthält, *nen Furz* eben, *fäddisch*!

Frau Hildegard ist Kranken- und Altenpflegerin und arbeitet bei einer Sozialstation. Alle paar Tage besucht sie Rentner Norbert, der sie leider nicht so freundlich empfängt, wie sie es sich vorstellt.

Wenn sie mit ihm spricht, tut er oft so, als hörte er weg. Er ist ein richtiger *Dickuhr*, der am liebsten *Erwessupp* isst – und dazu die *Krüstjer* vom *Brut,* sagt Frau Hildegard. Mit lauter *Fisimadende* hält er sie in Bewegung, und *kniggisch* ist er auch noch!

Rentner Norbert ahnt, was sie über ihn denkt. *Hal de Gosch!,* flüstert er manchmal vor sich hin. Er versteht sie sehr gut, aber er will nicht lange mit ihr reden.

Wenn sie verschwunden ist, zieht er seine *Mitsch* über und verlässt kurz das Haus: Den *Zoores* schnell wieder vergessen!

Am frühen Abend sitzt Hannes manchmal auf der Bank am Waldrand und gerät ins Grübeln. Als *Kinner* sind wir noch mit *blägge Föß* über die Wiesen *jeloofen.*

Wenn er so still dasitzt, wirkt er etwas *bedrübbelt*, er schaut die *Bläära* an, als wollte er mit ihnen reden, bekäme aber keine Antwort.

Jetzt im Alter hat er ein ganz *anneres Jeföhl* als früher, *de Schnüss* macht nicht mehr so locker mit, *Milchsupp* wird schon lang *nit* mehr *gegääsen,* und *dat* Gucken macht *möd. Nä, nä, nä, gor nix* ist mehr *su* wie *fröher.* Wo *sin de* vielen *Karnickel?* Wo *de* vielen *Erbel?*

Er denkt an *Schmeerkäs auf Brut* und guckt auf die *Auer.* Wie spät *is et? De Vuchel sin* schon *verschwunne! De Zoostänn sin schrooh.*

Wäller Platt 3 – Karl Ramseger-Mühle

Vor einigen Jahren ist eine Doppel-CD mit Gedichten von Karl Ramseger-Mühle (1900–61) in Mundart und Hochdeutsch erschienen (hrsg. vom Arbeitskreis für Heimatgeschichte & Brauchtumspflege e.V., 57635 Wölmersen). Mit ihrer Hilfe bekommt man, gelesen von Frauen und Männern jenes westerwäldischen Raums, in dem der Autor früher gelebt hat, einen lebendigen Eindruck von der besonderen Klanglichkeit der Spielarten des *Wäller Platt.* In einem Begleitheft (*Nachlese(n). Altenkirchen 2012)* hat die Herausgeberin Roswitha Thomas einige dieser auf der Doppel-CD rezitierten Gedichte auch gedruckt zugänglich gemacht.

Karl Ramseger wurde 1900 in Fluterschen (bei Altenkirchen) geboren. Schon früh schrieb er Gedichte, Novellen und Erzählungen. Über die Heimatregion hinaus bekannt wurde er vor allem durch seinen historischen Roman *Gräfin von Sayn,* der vom Leben der Louise Juliane zu Sayn-Wittgenstein während des Dreißigjährigen Krieges im Westerwald erzählt.

Als kaum Zwanzigjähriger hatte Karl Ramseger die Tochter eines Mühlenbesitzers geheiratet. Das Leben auf der Mühle und ihre Geschichte, bis hin zu ihrer kompletten Zerstörung durch Fliegerangriffe im Zweiten Weltkrieg, haben ihn immer wieder beschäftigt. In vielen Gedichten hat er das Mühlendasein porträtiert und sich sogar den Doppelnamen Ramseger-Mühle zugelegt.

Von seinen Gedichten beeindrucken vor allem jene, die Details der westerwäldischen Umgebung minutiös einfangen – blühenden Ginster, Fingerhut, eine Schafherde, den Krähenflug über gemähten Wiesen. Darin findet man eine schlichte, auf Naturzeichen, Dinge, Tiere und Menschen konzentrierte Poesie, die in ihren bescheidenen, lakonischen Sichtweisen etwas typisch Westerwäldisches bewahrt hat.

Die Alte Vogtei in Hamm an der Sieg

Häufig fahre ich von der Höhenlage meines Elternhauses in der Nähe von Wissen herunter in das schmale Flusstal der Nister, wo sich der Gasthof meiner väterlichen Großeltern befindet. Von dort geht es einen steilen Hügel hinauf zur Raiffeisenstraße der B 256, die an einen in der ganzen Welt bekannten Westerwälder erinnert. Ich meine Friedrich Wilhelm Raiffeisen, der 1818 im nahen Hamm / Sieg in dem heutigen Gasthaus *Alte Vogtei* mitten im Ort, genau gegenüber der Evangelischen Kirche, geboren wurde.

Dort einzukehren, bedeutet zunächst einmal, sich an Raiffeisen und sein soziales Denken und Handeln zu erinnern, das im neunzehnten Jahrhundert (und später) der großen Armut auf dem Land durch die Gründung von Vereinen und Genossenschaften entgegenwirkte (vgl. Friedrich Wilhelm Raiffeisen 1818–88. Hrsg. vom Hotel *Alte Vogtei*. Hamm / Sieg 1997).

Die *Alte Vogtei* ist jedoch weitaus mehr als ein bloßer Erinnerungsort. Für mich ist sie jenes charakteristische Raumensemble, in dem ich in den letzten Jahrzehnten am liebsten im Westerwald gegessen und nicht selten auch gefeiert habe. Nirgends fühle ich mich »außer Haus« so wohl wie dort, und nirgendwohin sonst habe ich schon viele Schriftstellerinnen und Schriftsteller (aus Anlass der 2001 von mir ins Leben gerufenen *Westerwälder Literaturtage*) zum Übernachten, Essen und Trinken eingeladen, um ihnen ein westerwäldisches Gasthaus par excellence zu zeigen.

Von außen betrachtet, ist die *Alte Vogtei* ein schmuckes Fachwerkhaus, an das sich nach hinten ein großer Garten mit den neueren Hotelräumen anschließt. Aus dem Garten bezieht die Küche Kräuter, Obst und Blumen, wie überhaupt die Speisen des Vogtei-Restaurants (ich nenne nur die typisch westerwäldischen Wild- und Fischgerichte) alle von Zulieferern aus der unmittelbaren Umgebung kommen.

Betritt man den zur Straße hin gelegenen Eingang, so steht man bald in der alten »Gastwirtschaft«. Man blickt auf die Theke, die zugleich auch die Rezeption ist, und man fühlt sich sofort wohl in dem lang gestreckten, von schweren Holzbalken getragenen Raum mit seinen kleinen, viereckigen Tischen, an die man sich zum ersten Plaudern, Essen und Trinken setzen möchte. Hier könnte man ganz nebenbei, zwischen den Mahlzeiten, dunkles, krustiges westerwäldisches Brot, guten Schinken oder auch Käse essen und dazu ein Westerwald-Bier aus Hachenburg trinken.

Am Mittag oder am frühen Abend könnte man in das kleine »Jagdzimmer« wechseln, das sich links vom Empfangsraum befindet. Es hat den Charakter eines Separées, in dem eine geschlossene Gruppe von Gästen Platz hat. Eine größere Gruppe aber würde weiterziehen, bis in die sich wiederum anschließende »Ratsstube«, deren jetzt längliche, rechteckige Tische bereits festlich gedeckt sind.

Wollen noch größere Gruppen sich zum Austausch treffen, steht ihnen das »Biedermeier-Eckzimmer« zur Verfügung. Hier ist man ganz unter sich, niemand beobachtet oder stört einen, es ist der ideale Ort für alle, die sich häufiger sehen und sich immer in demselben Raum treffen und speisen wollen.

Einige von ihnen werden sich nach den Mahlzeiten in das »Gewölbe«, einen tiefer gelegenen, oft von Kerzen erleuchteten Raum, zurückziehen, wo die Raucher geduldet sind. Geht man von dort einen schmalen Gang zu den Toiletten, kommt man an der Kegelbahn vorbei, die ich besonders liebe. Auf ihrer Scherenbahn habe ich schon oft mit Freunden und Verwandten gekegelt und es zu schätzen gelernt, dass ein so altes Gasthaus an einem derart schönen Relikt aus Holz festhält, anstatt seinen Gästen Bowling-Bahnen oder andere Ungeheuer der Freizeitbeschäftigung anzubieten.

Dass sich in diesem verflochtenen Ensemble der verschiedensten, ineinander übergehenden Räume so vieles erhalten und seine althergebrachte Schönheit bewahrt hat, liegt natürlich auch daran, dass die *Alte Vogtei* jetzt in der fünften Generation von ein und derselben Familie bewirtschaftet wird. 1862 erwarben Philipp Hermes (1827–1910) und Wilhelmine Hermes geb. Moritz (1832–1908) das Haus und richteten eine Gastwirtschaft samt angeschlossener Metzgerei ein. Seit 1937 gehörte die *Alte Vogtei* dann Fritz (1894–1955) und Maria Wortelkamp (1896–1981), die eine geborene Hermes war.

Ihren Sohn Egon Wortelkamp (geb. 1931) und seine Frau Hiltrud, geb. Foerster (geb. 1935), habe ich selbst während vieler Besuche als Gastgeber sehr zu schätzen gelernt, ganz zu schweigen von meinem Freund Erwin Wortelkamp (geb. 1938), dem Künstler und Bildhauer, der in der *Alten Vogtei* geboren wurde und dessen großer TAL-Anlage in Hasselbach ich gleich mehrere Essays gewidmet habe. (Man könnte darüber nachdenken, ob das TAL in Hasselbach (vgl. S. 116ff.) nicht die Übersetzung der Raumanlage der *Alten Vogtei* in eine Naturanlage ist, komponiert als ein »Empfang« von Gästen aus der ganzen Welt und eine Einladung an sie, sich den westerwäldischen Raum betrachtend, begehend, denkend und genießend anzueignen.)

Dass dies heute in der *Alten Vogtei* weiterhin auf so weitreichende und umsichtige Weise geschieht, ist das Verdienst der jüngsten Generation. Kann es eine herzlichere und liebenswürdigere Begrüßung durch eine Gastwirtin geben als die durch Daniela Wortelkamp (geb. 1962), die es aus dem Schwarzwald nach Hamm an der Sieg verschlagen hat, wo ihr Mann Markus (geb. 1960) der Küchenchef ist? Und kann man sich eine schönere Kindheit vorstellen als jene, die ihre drei Kinder in einem solchen Gasthaus erlebt haben?

Mein Lieblingsplatz ist der kreisrunde Tisch im Empfangsraum, von dem aus man die alte Gastwirtschaft und das anschließende Jagdzimmer überblickt. Im sich anschließenden »Raiffeisen-Sälchen« können die Hotelgäste am Morgen frühstücken. Ich aber träume nicht von einem Frühstück, sondern von einem langen, ausgedehnten Mittag- oder Abendessen.

Zur Begrüßung gibt es »Sauerampfersuppe mit Käse-

Kartoffelkrusteln« oder (noch lieber) »Gebratene Rehleber von der Hatzfeldschen Jagd mit Apfelspalten und Preiselbeeren«, gefolgt von einem »Saiblingsfilet aus dem KulturGut Hirtscheid« oder »Medaillons vom Rehrücken mit Schokoladen-Orangensauce, Apfel-Dörrzwetschgengratin und Schupfnudeln«. Als Dessert kämen ein »Aprikosensorbet« oder eine »Käsevariation mit Ziegenkäse aus der Bio-Käserei von Frau Schäfer-Trumm, der Ziegenprinzessin aus Oberrod«, in Frage.

Getrunken würde dazu zunächst ein Spätburgunder-Rosé vom Weingut Tesch an der Nahe und im Weiteren ein trockener Spätburgunder vom Weingut Margarethenhof in der Pfalz.

Es ist spät geworden, im kleinen Stübchen hinter meinem Lieblingstisch ist die Hausherrin eingetroffen. Hier ist ihr privates Zimmer, das organisatorische Zentrum der weiten Anlage, die schon seit Jahrzehnten als »Romantik-Hotel« geführt wird. Gasthäuser wie die *Alte Vogtei* erhalten die westerwäldischen Traditionen des Essens, Trinkens und einer ganz besonderen Gastfreundschaft aufrecht, hier kommt »das Leben« in seinen verschiedensten Ausprägungen zusammen, woran nicht zuletzt Friedrich Wilhelm Raiffeisen seine Freude gehabt hätte: »Was dem Einzelnen nicht möglich ist, das vermögen viele ...«

Eine Abtei im Westerwald

Die Abtei Marienstatt (in der Nähe von Hachenburg) kenne ich seit meiner Kindheit. Sie liegt in einem Tal, durch das sich genau jener Fluss schlängelt, der während seines späteren Verlaufs am Hof meiner väterlichen Großeltern vorbeifließt. Mit dem Wagen nähert man sich der Abtei also von den Höhen her, man rollt langsam zu ihr hinab und kommt dann in der Nähe des heutigen Brauhauses zum Stehen.

Es gibt einen großen, barocken Klosterbau, eine Abteikirche und einen Klostergarten. Alle drei Komponenten gehören eng zusammen und bilden ein ausdrucksstarkes Ensemble. Der Garten überbrückt und richtet die Wege aus, die zur Kirche hinführen. Auf den schmal wirkenden mittelalterlichen Bau führt eine Allee alter Bäume zu, die Gläubige, Spaziergänger oder auch Pilger einfängt und zur Ruhe kommen lässt. Das Kloster schließlich bietet mit einem Gästehaus die Möglichkeit an, sich über mehrere Tage in die konzentrierte Stille und Ruhe des Raums zurückzuziehen.

So gesehen, ist diese Zisterzienserabtei eine Oase der Einkehr. Sie empfängt einen mit einem Bild geformter und in ihren Pflanzen und Sträuchern auf die heiligen Texte bezogener Natur. Sie spricht von diesen Texten in Gestalt der Kirche und ihrer reichen Ausstattung, und sie bietet den Heimgeholten eine Unterkunft an für möglicherweise längere Zeit.

Das Angebot der Einkehr ist unmittelbar spürbar wie ein Akkord oder ein Sog, der durch die starke Ausrichtung aller Elemente auf etwas Zentrales entsteht. Ohne sich aufzuspielen oder gar Gebote zu verkünden, lockt das Abteiensemble damit, das Leben mit dem Betreten dieser Abtei zur Ruhe kommen zu lassen.

Die Voraussetzung wäre, dass man ernst machte mit dem entscheidenden Schritt: sich nicht länger von den Bildern des Draußen bestimmen, sondern sich heimholen zu lassen. Das wäre möglich, wenn der Heimkehrer eine Zelle beziehen, sich den Ordensregeln unterwerfen und mehrmals am Tag in einer Kutte erscheinen würde, um an den regelmäßigen Gebetszeiten der Mönche in der Kirche teilzunehmen.

Lockt die Abtei also letztlich mit dem Angebot, ein Mönch zu werden? Genauso habe ich es in der Kindheit immer empfunden. Natürlich kannte ich bereits Gotteshäuser, in denen Gottesdienste stattfanden, die von einem Priester oder von mehreren Priestern zelebriert wurden. Solche Gottesdienste dauerten meist eine Stunde, und man verließ sie mit dem Gefühl, Gott begegnet zu sein und der Kirche (sowie ihren Priestern) einen Besuch abgestattet zu haben.

Man ging wieder zurück nach Hause, während die Priester etwas ganz Ähnliches taten. Es war eine Begegnung innerhalb eines bestimmten Rahmens und für eine bestimmte Dauer. Niemand wäre auf den Gedanken gekommen, ganze Tage oder Nächte in der Kirche zu verbringen oder gar auf Dauer in ihr zu leben.

Wenn ich als Kind in die Abteikirche kam, erschien ich dagegen meist nicht zu einem Gottesdienst, sondern viel häufiger zu einer Gebetszeit, in der sich die

Mönche im Chorgestühl versammelten. Fünf Minuten vor Beginn kamen die ersten (aber woher kamen sie eigentlich? Aus dem Kloster? Ja, wirklich? Aber was hatten sie dort getan?). Sie nahmen im Chorgestühl Platz und blätterten in den dicken Lederfolianten, in denen die gregorianischen Notationen und die Texte für die Gebetszeit standen.

Der Auftritt der Schar, ihr allmähliches Erscheinen, ihr Platznehmen, Blättern und zur Ruhe-Kommen, beeindruckten mich jedes Mal stark. Diese Mönche kamen nicht für ein paar Minuten oder eine Stunde hierher, sondern verbrachten ihr ganzes Leben in dieser Kirche und dem sich anschließenden Kloster! Oft versuchte ich, mir das konkret vorzustellen: Sie erwachten also morgens sehr früh und machten sich vielleicht schon vor dem Frühstück auf den Weg in die Kirche. Mittags und nachmittags hielten sie sich wieder einige Zeit in ihr auf, und am Abend blieben und beteten sie fast eine Stunde.

Das abendliche Gebet war das geheimnisvollste von allen. Wie ein nicht aufhören wollender Reigen zog sich der Wechselgesang hin, als spielte die Zeit keine Rolle mehr. Der Tag war an sein Ende gelangt, jetzt hatten die Stunden kaum noch Gewicht. Gebete, Anrufungen, Lektüre von biblischen Texten, schließlich (und die Zeit hatte sich wirklich endlos gestreckt) ertönte dreimal eine Glocke und markierte mit ihrem Klang das Erlöschen des Lichts. Im Chor wurde (als ob es wahrhaftig dunkel geworden wäre ..., was es zum Beispiel im Sommer aber noch keineswegs war) eine Kerze zur Nacht entzündet und ganz zum Schluss kam das Weihrauchfass zum Einsatz und entließ die Mönche mit seinen fein gestreuten Wolken und ihrem Duft in die Zellen.

Der Abt ging ihnen voraus, und sie folgten langsam. Dann aber drehte er sich (als hätte er es sich noch einmal überlegt) nach ihnen um, blieb stehen und segnete jeden einzeln mit Weihwasser. Das Gerät, mit dem das geschah, war eine silbern glänzende Kugel mit vielen Löchern am Ende eines Schafts. Es hieß (wiederum geheimnisvoll genug) *Aspergill* und wurde vom Abt nach der Segnung an einen jüngeren Mönch oder Gehilfen weitergereicht. Die Mönche waren nacheinander durch eine Tür ins Kloster verschwunden, der Abt durchschritt sie als letzter. Und was geschah dann?

Gingen die Mönche jetzt gleich zu Bett (es war erst 20 Uhr)? Wahrscheinlich. Oder unterhielten sie sich noch eine Weile in einem Gemeinschaftsraum? Nein, sicher nicht. Aber wieso war ich da so sicher? Sicher war ich, weil ich den letzten Akt der Zeremonie (die stille, wortlose Segnung mit Weihwasser) als den eigentlichen Abschluss des Tages empfand. Nach dieser starken und einen beruhigenden Schlussstrich ziehenden Geste begann man keine Unterhaltungen mehr und kam auch sonst nicht mehr zusammen. Fernsehen?! Ausgeschlossen. Wer mochte nach einem solchen Abschluss zur »Tagesordnung« zurückkehren?! Jetzt galt nur das Zeremonielle: der Tag war beendet, vielleicht beteten viele noch allein in ihren Zellen »zur Nacht«.

Solche Rituale der Einkehr waren extrem. Als Kind empfand ich ihre Wirkung wahrhaftig wie eine Aufforderung, es den Mönchen gleich zu tun und mich ebenfalls zur Ruhe zu begeben. Konnte man nach einer solchen Abendzeremonie noch pfeifend und feixend irgendwo ankommen oder auftreten? Ich wünschte mir, ebenfalls den Weihwassersegen erhalten zu haben. Das wäre der sichtbarste Ausdruck dafür gewesen, dass man auch von mir den »Gang in die Nacht« erwartete. Nichts anderes gehörte sich mehr, denn außerhalb dieses unbedingten Ernstes wirkte die Welt fahl und beliebig.

Wenn ich heute die Abtei besuche, ist das Moment der stillen Einkehr noch immer beherrschend. Es ist der spürbare und unbedingte Ernst, der mir unmissverständlich zeigt, wohin ich als gläubiger Christ eigentlich gehörte: in eine stille Zelle, in der ich mich murmelnd (und endlich dann: schweigend, wortlos) vom Tag verabschieden würde.

Ein TAL *im Westerwald*

Nahe dem Ort Hasselbach im Westerwald gibt es ein etwa zehn Hektar großes Tal, aus dem mein Künstlerfreund Erwin Wortelkamp ein großes Naturgelände für Pilger der Kunst gemacht hat. Von seinem Wohnhaus, einem alten Schulgebäude am Rande des Tals, überblickt und dirigiert er die Landschaft, die eine typische Westerwaldlandschaft ist: leicht hügelig, vom Tal aus zu den höheren Rändern ansteigend, mit einem Bach, der das Gelände in der Längsrichtung durchfließt. Auf den Wiesen könnten Kühe weiden (früher haben sie es auch getan), und es gibt kleine, verschlossene Wäldchen, jedes anders und sich trotzig gegen die weiten Wiesen behauptend.

Im gesamten Gelände sind Arbeiten sehr unterschiedlicher Künstler verteilt, die Erwin Wortelkamp eingeladen hat, sich auf die Umgebung des Tals einzulassen. Von weitem sind diese Arbeiten kaum zu sehen, höchstens einzelne ragen aus den Grüntönen dieser Oase heraus. Durchwandert man aber als Besucher geduldig das gesamte Ensemble (was einige Stunden oder besser noch einen halben Tag dauert), begegnet man auf seinen Wegen (die man frei wählen kann, so dass sich jedes Mal eine neue Wegkomposition ergibt) den Arbeiten gleichsam von Angesicht zu Angesicht.

Man bleibt stehen, umgeht ein Kunstwerk, bringt es in Verbindung zu der nächsten (aber auch der weiteren) Umgebung, bleibt wieder stehen und verankert sich so an einer der insgesamt fünfzig Stationen, die man wie Raumkommentare erlebt. Manche breiten sich mit schweren Lasten aus, andere verstecken sich mit winzigen gestischen Gebärden, als wollten sie auf keinen Fall auffallen.

Wortelkamps TAL verwandelt Kunstwerke auf solche Weise in Charaktere, die Sprechformen ausbilden, sich gegenseitig unterhalten, Kontakt mit Bäumen und Sträuchern aufnehmen und jeden spröden Museumscharakter verlieren. Stattdessen begegnet man Lebewesen mit unterschiedlichem Alter und Launen, die eine geheimnisvolle, längst abgereiste Mannschaft von Magiern hinterlassen zu haben scheint.

Wo befindet man sich eigentlich? Ist das noch der Westerwald? Wie man weiß, gibt es »den« Westerwald eigentlich nicht. Er ist eine Behauptung und als Behauptung höchstens die Strophe eines dämlichen Soldatenschlagers. Sollte man sich darauf festlegen, welche Städte, Regionen oder Räume den Westerwald ausmachen, käme es selbst zwischen Westerwäldern zu keiner Einigung. Nicht einmal Personen, die zum Westerwald gehören und ihn vielleicht einmal geprägt haben oder prägen, könnte man fürs Erste nennen.

Es ist, als hätte der westerwäldische Naturraum die Erinnerung an Dörfer, Städte und Menschen verdrängt. Was für eine seltsame Gegend: in unseren Vorstellungen und Phantasien »existiert« sie fast ausschließlich als Landschaft. Deren Details und einzelne Elemente fügt Wortelkamps TAL wie ein Puzzle zusammen. Hier besteht der Westerwald nicht nur aus diesen Zaunformationen oder jenen Hochsitzen, aus dem bleichen Grün dieser Weiden oder den dunklen, sich schräg an einen Hügel anlehnenden Tannenwäldern, sondern aus all diesen Raumformationen zusammen.

Die Genialität der Komposition besteht in der Zusammenführung der Details zu einem weiten Bildensemble, das sich aus jeder Perspektive anders darstellt und mit jedem Schritt des Besuchers einen anderen Charakter erhält. Aber auch darin, dass Wortelkamp diesen (gleichsam zum Ideal hin gestalteten) Naturraum vielen fremden Sprachen ausliefert. Die westerwäldische Landschaft soll nicht länger schweigen und Besucher durch ihr Schweigen zur Anpassung nötigen. Die Arbeiten der Künstler bringen sie vielmehr zum Sprechen und machen sie endlich »beredt«.

An der berührendsten Station begegne ich einigen Fotografien des mit dieser Region so eng verbundenen Fotografen August Sander. Die alten Westerwälder Familien oder auch Einzelgänger sitzen oder stehen vor ihren Häusern oder auf ihren Äckern. Sie schauen einen vorsichtig und verhalten an: »Kommt heraus ins Freie«, möchte man ihnen zurufen, »bewegt Euch, geht durch dieses Tal, es gehört Euch, Ihr sollt es annehmen und Euch in ihm zu Hause fühlen, indem Ihr die Fremdsprachen der Kunstwerke zu Euren eigenen macht!«

Erwin Wortelkamps TAL ist eine Oase der Befreiung jener Region, aus der meine Familie und ich stammen. Wovon werden wir denn befreit? Von den Vorurteilen, den falschen und verdrehten, die der Westerwald hervorbringt oder die von ihm handeln. Und was erhalten wir stattdessen? Die Überführung des Westerwaldes in ein unglaublich treues, aber schamhaftes, sich erst nach vielen Anläufen öffnendes und schließlich (gerade noch rechtzeitig, im letzten Moment) befreit aufatmendes Gelände.

Im TAL ankommen

Anfahrt über die B8, von Altenkirchen her. Was für ein verlorenes Gelände! Zerstreuung, Zersiedlung, an den Straßenrändern die Krebswucherungen von Autohäusern, Getränkeshops und anderen billig aufgeschlagenen Verkaufsständen. Die kleinen Orte wie momentane Verdickungen der Straße, ohne Blickfang, reduziert auf die Funktion bloßer Durchfahrten. Das stark überhöhte Tempo auf solch einer Bundesstraße, die reine Transportstraße für die großen Zentren ist. Dass Bonn oder Köln nicht einmal weit sind, hinterlässt keine Spuren. Unruhe – man möchte durch all diese Orte schnell hindurch. Die höchstens gestreifte, rechts und links liegen gelassene Landschaft. Wie ein Störfall, unbeachtet. Ihre Schönheit wäre die von menschenleeren Hochplateaus: Weite Ausblicke, Talblicke, Senken ... Hier leben? Die Straße löscht den weiten Raumeindruck aus, amerikanische Verhältnisse, Ablagerungen des Verkehrs an den Rändern. Die Zufahrt auf das *Alte Schulhaus* zu, womit die Abwendung von der Bundesstraße beginnt. Das *Haus für die Kunst* kehrt ihr den Rücken zu und stößt die gesamte Umgebung zurück. Ein Ort ... Aussteigen, die Zuwendung beginnt, die Bundesstraße weiter im Rücken. Das TAL ordnet sich dem Schulhaus zu, wie eine weite Flur, die trotz aller Weite auch noch etwas vom Garten und seiner Hauszugehörigkeit hat. Mit dem Blick in die offene Weite beginnt die Poetik des Raums.

Aber zurück, vorerst noch einmal zurück: Vor dem *Haus für die Kunst* (aus der Ferne als »verstreutes«, einzelnes Gebäude betrachtet, hat es etwas Abstoßendes) gabelt sich die Straße. Der Weg zur Rechten führt zum »offenen TAL-Blick« mit dem Initiationspunkt des »Ateliers im Freien«, der Weg links streift am *Alten Schulhaus* entlang und setzt sich längs des TALS nach

Werkhausen fort. Das *Alte Schulhaus* erreicht man auf beiden Wegen: Rechts fahrend, biegt man in den großen Hof ein und nimmt bald die kleine Freitreppe zum »geschlossenen Atelier«. Links fahrend erreicht man den Straßeneingang und hier, vor dem *Alten Schulhaus*, die geometrische Gartenanlage des Empfangs, eine Anlage Carola Schnug-Börgerdings, die im Kleinen, von der TAL-Anlage abgewandt, so etwas ist wie die Antwort der Tradition auf das TAL, eine historische Erinnerung, das streng komponierte Gegenstück zur freien Komposition des TALS. Die bloß zufällige Gabelung der Straße vor dem *Haus für die Kunst* wird beantwortet von einer Gestaltung, die aus dem Zufälligen einen Zuordnungs-Raum entwickelt: Geschlossenheit (des geometrischen Gartens / des Ateliers / des Hauses) // Offenheit (des weiten TALS, des offenen Ateliers / der Natur). Und das *Alte Schulhaus* selbst? Macht mit, indem es sich zum einen Richtung Werkhausen streckt und sich zum anderen zum TAL hin orientiert, doppelter Blick: Längsachse / Querachse.

Unser Weg, unsere Reise ins TAL beginnt, nachdem wir das *Alte Schulhaus* umrundet haben, den intimen, familiären Bezirk (wir befinden uns auf dem Weg der Umrundung auf einem Hofgut, mit begleitendem Hund, mit Hausherrn, auf einem Gut, das die »*frouwe*« von den hohen Fenstern aus überblickt usw.). Wo beginnt denn das TAL? Mit dem Durchschreiten des Hoftors? Mit dem Betreten des »offenen Ateliers«, draußen? Das TAL beginnt mit dem Überqueren der kleinen Brücke, mit einem kurzen Eintauchen der Finger in das Regenwasser der Kesselchenhandwölbung von Paul Isenraths Handlauf.

Nach Überqueren der Brücke und dem Betreten des Andachtsraumes (Isenraths Weihwasser, ja, natürlich) öffnet sich der Blick in die Weite. Zum ersten Mal ist die Möglichkeit einer Orientierung da: rechts, links, Vordergrund, Hintergrund, Höhen, Tiefen ... Zur Rechten tut sich das Angebot eines ersten Weges auf, die breite Spur des Rasenmähers zieht uns nach rechts, zum Wäldchen, doch ist das alles vielleicht noch zu früh. Wortelkamps Angebote: eine Spur vorzeichnen, mit dem Rasenmäher. In so einem Angebot markiert sich die Person: das Liebenswürdige, Menschenfreundliche und das Rauhe, Einsiedlerische. Das hier ist Erwin Wortelkamps TAL, das TAL ist Erwin Wortelkamps Körper.

Warten, zur Ruhe kommen ... Der Beginn des Weges ist der Beginn einer anderen Zeit. Das Tempo (der B8, der schnellen, unaufmerksam zurückgelegten Wege) abschütteln. Die allmählich auch den Körper in Besitz nehmende Stille legt sich auf die Ohren. Am besten wäre es, sich hinzulegen, sich auf dem Boden zu strecken, den Kopf in die weite Öffnung zu pressen, in die TAL-Öffnung, die Arme ausgebreitet. Den Moment der inneren Ruhe, der sich aus der äußeren ableitet, erfasst man, wenn die Akustik der Umgebung sich vom Hintergrundrauschen des Verkehrs emanzipiert. Plötzlich hört man einzelne Geräusche, kein Geräuschband mehr. Mit geschlossenen Augen könnte man, liegend, eine Phantasie dieser Geräusche entwerfen: der liegende

Körper, die ausgebreiteten Arme, die heilende Stille, die sich auf die Verwundungen legt – ich spreche von Erwin Wortelkamps Skulpturen, ich deute das an.

Der »Einstieg« ins Wäldchen: die blaue Vertikale und die rote Horizontale der Arbeit von Lutz Fritsch als minimalste Andeutungen. Zu Beginn des Weges – auf der Suche nach Koordinaten – nur Vertikale und Horizontale, das aufstrebende Blau (der Blick zur Höhe), das begrenzende Rot (die Verlockung ins Wäldchen hinein). Und dahinter die breite, herrliche Waldschneise, die man hinaufgaloppieren möchte, gleich eine ungeheure Befreiung vom Lastenden dieses Geländes, hin zum Vogelflug, ins Nicht-mehr-Begrenzte – das geländerlose Treppchen korrespondiert mit dem Freitreppchen am *Alten Schulhaus*, auf dessen Blickhöhe man sich jetzt begibt – den Blick ins Wäldchen wendend, wo sofort eine andere Gestimmtheit herrscht, die stille Geborgenheitsstimmung von vergessenen Waldwegen.

Die Mulde des Wegs – zur Linken die Lichtung, zur Rechten steigt das Gelände an, verstrüppt sich, dunkelt ein, wirft Nachmittagsschatten. Den Mühlengraben mit seinen winzigen Fundstücken (Ästen, Zapfen, Steine) hindurch, der geschlossene Weg, die Himmelsdecke senkt sich in die Landschaft, man kriecht auf allen Vieren durch ein dunkler werdendes Rohr, ein Rohrstück, einen Waldtunnel. Die Einsamkeit dieses Stücks Weg, der / die einem gleich so vertraut ist, als wäre man einen solchen Weg schon immer durchlaufen. Die sich isolierende Parzelle, kurzfristiges Zurücktreten der »Umgebungen« ...

Zur Rechten, durch den Erdmantel des ansteigenden Geländes wunderbar unkenntlich gemacht, erscheint die *Eremitage* von Gloria Friedmann, wie ein vergessener Wasserspeicher, wie ein Kleinbunker, wie ein Unterschlupf. Und das alles führt zum ersten Mal in die Tiefe, ins Dunkel, ins Erdinnere: Stollen, Schacht – wozu das Klopfen des eigenen Herzens den Widerpart gibt.

Die Tür schließen, die Augen schließen ... Die geforderten Körper-Bewegungen kehren nun auch sichtbar nach außen, was der Gang ins TAL bereits mit einem »getan« haben könnte: Das »Rauschen« des öffentlichen Verkehrs zu verwandeln in stille Außenwahrnehmung, der eine Selbst-Wahrnehmung zu Grunde liegt.

Wenn der Mühlengraben eine Art Tunnel ist, so ist die *Eremitage* sein ferner Fluchtpunkt, das dauernde absolute Dunkel, beide zusammen greifen ineinander wie Längsachse und Querachse, erneut.

Spulen wir diesen Film noch einmal zurück, um uns jetzt von den Einzelheiten zu lösen. Die meditativen Momente, zu denen das TAL hinführt ... Es beginnt mit Kunst-Projekten, die sich verstecken und gerade dadurch, durch das Sich-Unsichtbar-Machen, auf die Einsamkeit und Stille des Geländes verweisen.

So ist, von hier aus betrachtet, das TAL vielleicht eine Idee, die Landschaft zu einer eigenen Zeichensprache zurückzuführen. Diese Sprache erwächst aus der Stille. Am Anfang des Gangs steht die Beruhigung, das Sich-Entfernen von den Weiten, dem öffentlichen Raum – auf eine unglaublich sanfte, freundliche Weise, nicht durch einen Schnitt, sondern durch die leitende Natur selbst, zu der ein paar unscheinbare Winke hinführen: Isenrath, Friedmann – von hier und jetzt aus gesehen, haben diese Arbeiten beinahe asiatisch-zurückhaltende Züge, als hätten sie von Früher japanische Zeichensprache gelernt, vom Zen, von buddhistischer Beschränkung. »Der Gang ins Wäldchen« – könnte das nicht die Überschrift eines Haikus sein? Vielleicht ist das TAL daher auch ein Ort, wo der Westerwald sich selbst betrachtet und schaut, was er vergessen hat zu werden: Philosophie des Westerwaldes, ja, ein Philosophieren über den Westerwald, dessen originäre Menschen etwas von abgründiger, kraftvoller Sprache haben, vom schweren Setzen der Worte, vom Einhämmern des Wortklangs.

Ein Haus für August Sander

Eine der Stationen im TAL gilt dem Andenken August Sanders: das *Haus für August Sander* des Architekten Hanspeter Demetz. Es handelt sich um ein auffälliges, dicht an ein Waldgelände angelehntes Haus, das auf durchaus wunderbare Weise die einzigartigen Arbeiten Sanders inszeniert. Viele direkte und indirekte Bezüge sind daher für einen Betrachter erkennbar, der sich auf den Weg durch das TAL macht, um von Station zu Station eine neue Ansicht des Westerwaldes zu gewinnen.

Haus für August Sander.
Hanspeter Demetz, 1986/9
Foto: Peter Lindlein

Zunächst wird ihm auffallen, dass er das Haus nicht ebenerdig betreten kann. Die Tür, die ihn einlässt, befindet sich vielmehr am Ende einer schmalen, recht steilen Treppe, über die er hinauf, in ein erhöhtes Stockwerk gelangt. Rechts und links der Treppe schirmt jeweils eine hohe, ebenfalls ansteigende Mauer den Blick nach den Seiten hin ab. Mit den ersten Treppenschritten begibt sich der Betrachter also in einen eigenen Fokus. Er muss sich zentrieren, ein Weit- oder sonstiger Ausblick ist nicht möglich, er nimmt nur die Treppenstufen und die schrittweise Annäherung an die Tür wahr.

Abschirmung, Fokussierung – das erinnert an die Einstellung einer fotografischen Aufnahme, als deren erstes Motiv die Tür ins Auge fallen würde. Es ist aber keine gewöhnliche, die sich jetzt seitlich öffnet und den Betrachter hineinlässt. Er muss sie vielmehr aufschließen und wie einen Riegel kraftvoll in die Höhe schieben. Das deutet darauf, dass man es dahinter nicht mit einem alltäglichen Raum zu tun haben wird. Der Betrachter eröffnet sich den Zugang vielmehr durch das Verschieben eines Riegels, als beträte er eine verschlossene Kammer oder eine Höhle, die Geheimnisse birgt. Darüber hinaus setzt das Hochschieben der Tür die Motivanleihen des Baus bei älteren Vorgängen der Fotografie fort, indem es an jene gläsernen Fotoplatten erinnert, die einer Plattenkamera früher nach der Belichtung durch Hochschieben entnommen wurden.

Steht der Betrachter nun am Eingang des seltsamen Raums, geht der Blick zunächst wieder hinauf, diesmal zur Decke. Von dort fällt wie durch einen geöffneten Schacht das Licht hinein, strahlt auf den Fußboden und lässt dort einen Teil der Fußbodenfläche aufleuchten. Man könnte sagen: Diese von oben eingefangene Strahlung »belichtet« den Raum und hinterlässt – wie das Licht, das auf das zu belichtende Material trifft – eine Zeichnung oder einen Abdruck.

Damit diese »Aufnahme« sich nicht im Raum verliert, wird sie zusätzlich durch acht weiße, von der Decke herabhängende Tücher eingefangen, die das Strahlen des Lichts auf den Boden einerseits akzentuieren und es andererseits vom übrigen Raum trennen. An dessen Wänden befinden sich elf Fotografien August Sanders. Der Betrachter wird sie auf einem langsamen Rundgang durch das Haus nacheinander wahrnehmen und studieren, indem er Bezüge zwischen ihnen und zum Raum außerhalb entdeckt.

In was für einem Raum aber befindet er sich? Einerseits ist es ein kleiner Ausstellungsraum, der während des Rundgangs Ähnlichkeiten zu dem Raum eines Museums oder einer Galerie entwickelt.Daneben wird der Betrachter selbst während des Gangs aber auch zum Teil einer Installation, die wie ein Vogelnest über der Erde schwebt. Das Nestähnliche bewahrt die Nähe zu einem verschlossenen Dunkel, in dem sich Geheimnisvolles, Verstecktes oder lange verborgen Gehaltenes befindet.

Das nun wiederum verweist auf die Reihe der Fotografien, die nun so erscheinen, als würden sie unter Verschluss gehalten. Nur der bekommt sie zu sehen, der einen Weg zurücklegt, sich den Zugang eigenhändig eröffnet und sich in das Spiel von Licht und Dunkelheit einreiht. Als Teil dieses Spiels wird der Betrachter zu einem Besucher (oder Gast), der die Fotografien wie Kultgegenstände wahrnimmt, die nicht nur zu oberflächlicher Betrachtung ausgestellt, sondern in einem kultischen Ambiente ins »Erscheinen« gesetzt werden.

Deshalb haben die Menschen auf den Fotografien, die aus dem Dunkel heraustreten und einen Menschenreigen gestalten, etwas von fernen Geistern, die nahe an den Betrachter heranrücken und ihm direkt in die Augen schauen: eine Familie, ein Lehrer mit Hund, Wirtsleute, eine alte Frau, eine Menschengruppe vor einem Waldstück, ein alter Mann auf einem Feld, eine Großfamilie, ein sitzendes Ehepaar, Kinder, ein Herr mit einer Zigarre und eine Familie aus dem Nachbardorf.

Ihre Präsenz in diesem seltsamen Raum ist einerseits eine geschichtliche, indem sie wie Fotografien aus einem Familienalbum die Vergangenheit des umliegenden Raumes illustrieren. Andererseits hat diese Präsenz aber auch etwas Magisches: Wir sind die Westerwälder, die sich in ihr Tun und Treiben nicht hineinschauen lassen und nur kurze Lebenszeichen des fotografischen Moments aussenden. Die Geschichten hinter diesen Zeichen sind erahnbar, aber sie werden eben nicht erzählt oder ausgestellt. So erlebt man Menschen, die sich verschließen, etwas Geheimnisvolles andeuten und sich dann wieder in das alte Dunkel der Vergangenheit zurückziehen.

Wenn der Betrachter das *Haus für August Sander* verlässt, hat er einen kleinen Elementarkurs in der Kunst, Sander-Fotografien genau zu betrachten, hinter sich. Er ist für einen kurzen Rundgang eingetaucht in Inszenierungen einer verhaltenen »Offenbarung«. Wie in märchenhaften Zusammenhängen öffneten sich der Vorhang und das Zelt mit den Mysterien kurz – und wie im Märchen bleiben dem Betrachter später nur noch die Stille und die Erinnerung eines Zaubers.

ÜBER AUGUST SANDER, DEN FOTOGRAFEN DES WESTERWALDES

Mehrfach habe ich mich in längeren Essays dem Fotografen August Sander gewidmet, der zu seinen Lebzeiten (1876–1964) den Westerwald aus den verschiedensten Blickwinkeln in genialer Form eingefangen hat. Da sind zum Ersten seine Studien der westerwäldischen Bewohner, die er wie Stelen oder bewegungsarme Statuen vor ihren Häusern oder Umgebungen abbildete. Und da sind zweitens die Fotografien der Landschaft und der westerwäldischen Dörfer, die sich zu dieser Landschaft oft eigenständig verhielten und sich weigerten, dem üblichen Postkartenblick zu dienen.

Sanders porträtierenden Blick schließlich habe ich als einen Blick für »Gesichter« erkannt. »Gesichter« sind die Substanz einer Gestalt, ihr Kerngehäuse, ihr Innenraum. Diese Perspektive bedingte fotografische Verfahren, die Menschen, Dingen und Räumen weder Schmuck noch andere Formen der »Verkleidung« erlaubten.

Sander suchte das Rohe, Einfache, und er trieb diese Strenge so weit, dass er seinen »Figuren« nicht einmal den Ansatz einer Geste erlaubte. Kein Lächeln, keine Erregung, keine noch so kleine Aktion – die »Westerwälder« auf Sanders Fotografien stehen totenblass da und fordern den Betrachter auf, in ihrer ungeschminkten Erscheinung zu lesen.

Jungbauern, 1914

August Sander, der Westerwald, seine Bewohner und ich

1.

In dem Buch *Der Kosmopolit*, das eine »Philosophie des Weltbürgertums« entwerfen will[1], beginnt der Autor Kwame Anthony Appiah mit einigen einfachen historischen Betrachtungen, über die es sich – trotz ihrer scheinbaren Einfachheit und Bekanntheit – nachzudenken lohnt. Bevor Appiah nämlich weit ausholt und die Entstehung dessen skizziert, was in früheren Jahrhunderten »Weltbürgertum« genannt wurde und heute »Globalisierung« heißt, erinnert er an die vielen Jahrtausende, in denen die Menschheit in kleinen Gruppen und Stämmen existierte, die voneinander nichts ahnten und wussten.

In diesen Gruppen und Stämmen unserer frühen Geschichte, schreibt Appiah, begegnete man Tag für Tag nur Menschen, die man seit der Geburt kannte, man nahm Gegenstände und Arbeitsgeräte in die Hand, die ausschließlich von den Mitgliedern der Gruppe hergestellt worden waren und nur von ihnen benutzt wurden, ja man orientierte sich insgesamt an einem Wissen, das zum einen direkt von den Vorfahren an die Jüngeren weitergegeben wurde und zum anderen aus eigener Erfahrung bestand.

Der Horizont des gesellschaftlichen und individuellen Erlebens war in derartigen Gruppen und Lebens-

---

1 KWAME ANTHONY APPIAH: *Der Kosmopolit. Philosophie des Weltbürgertums.* München 2007

räumen unserer frühen Geschichte sehr begrenzt. Die einzelnen Mitglieder solcher Gruppen hatten keine Möglichkeit, über diesen Horizont hinaus zu schauen, ihr Leben und Denken mit dem Leben in fremden, andersartigen Welten zu vergleichen oder gar darüber nachzudenken, welche Elemente dieser fremden Welten sie sich vielleicht aneignen sollten, um auf diese Weise von fremdem, andersartigem Wissen zu profitieren. Geschlossenheit, Abgrenzung und Bewahrung des Wissens, Kommunikation eher nach innen als nach außen – das waren Eigentümlichkeiten eines solchen Gruppenverhaltens, das sich in der langen Geschichte der Menschheit erst sehr langsam veränderte und über die allmähliche Entdeckung, Eroberung und Bewirtschaftung des Welt- und Himmelsuniversums schließlich zu dem führte, was wir heute das »Zeitalter der Globalisierung« nennen.

Das »Zeitalter der Globalisierung« ist unsere Gegenwart, es ist das Zeitalter der ununterbrochenen, stets gegenwärtigen und sich laufend erneuernden Kommunikationsströme unter den Rahmenbedingungen einer Weltwirtschaft, die dabei ist, alle regionalen Wirtschaftsformen aneinander anzupassen und auf ein universelles, in allen Erdräumen gleichermaßen funktionierendes Wirtschaftssystem hin auszurichten. In einem solchen Zeitalter blicken die Menschen notgedrungen oder auch mit Lust über den Horizont ihrer Herkunft hinaus, sie gehen mit Gegenständen und Dingen um, die weitab von ihrer Herkunft angefertigt worden sind, und sie richten ihr Leben nicht im Blick auf die Gewohnheiten ihrer Umgebung, sondern im Blick auf Normen und Moden ein, die überregionale Geltung erlangt haben.

Der historische Prozess, der zu dem geführt hat, was wir heute »Globalisierung« nennen, hat sich jedoch in den Regionen Deutschlands nicht überall in denselben Zeiträumen und mit derselben Intensität entwickelt. Vielmehr hat es in ganz Deutschland immer wieder Gegenden und Menschen gegeben, die sich zumindest partiell überregionalen Perspektiven entzogen und sich weitgehend mit jenen Wissensbeständen und Gewohnheiten beschieden haben, die sich in der unmittelbaren Umgebung seit Jahrhunderten ausgebildet hatten und meist mündlich tradiert wurden. Oft war ein solches Verhalten räumlich an ein enges, gut überschaubares Gelände gebunden, das dann »Heimat« genannt wurde, und ebenso häufig artikulierte es sich über »Heimat- oder Mundartsprachen«, die eine intime, sich nach außen abgrenzende Verständigung ermöglichten und in ihrem vollen Anspielungsreichtum nur von jenen Sprecherinnen und Sprechern verstanden wurden, die sich »der Heimat« zugehörig fühlten.

Formen eines solchen kulturellen Beharrens hat es in Deutschland in den letzten Jahrhunderten beinahe überall gegeben, heutzutage sind sie weitgehend verschwunden, erleben aber hier und da eine Auferstehung unter den Vorzeichen der »Globalisierung«, indem sie betont regional in trotziger, widerständiger und damit bewusster Weise gegenüber den nivellierenden Tendenzen der Globalisierung artikuliert und in Szene gesetzt werden. In solchen Fällen sind sie Spielformen einer heutigen regionalen Kultur, die historische Erfahrung von Regionen nicht nur archivieren und sichern, sondern auch betonen und damit am Leben erhalten will.

2.

Große Teile meiner Kindheit und Jugend habe ich in den fünfziger und sechziger Jahren des vergangenen Jahrhunderts im Westerwald verbracht. Als einziges am Leben gebliebenes Kind meiner Eltern begleitete ich sie aus Städten wie Köln und Mainz, in denen mein Vater als Geodät für die »Deutsche Bundesbahn« tätig war, immer wieder zurück in ihre Heimatregion. Meine Eltern waren in Wissen an der Sieg aufgewachsen, die Eltern meiner Mutter waren Kaufleute, während die Eltern meines Vaters einen großen Hof mit Gastwirtschaft an der Nister, einem Nebenflüsschen der Sieg, bewirtschafteten.

Im Westerwald bin ich groß geworden, indem ich an vielen Wochenenden und in den meisten Ferienzeiten zunächst in den Häusern meiner Großeltern und später in jenem Haus aufwuchs, das sich meine Eltern Ende der fünfziger Jahre als eine Art Refugium für ihre Heimat-Aufenthalte und für ihr späteres Alter erbauten. Inmitten eines großen Waldgrundstücks steht dieses Haus auf dem höchsten Hügelpunkt der Umgebung rund um Wissen. Seit dem Tod meiner Eltern bewohne ich dieses Haus nun mit meiner eigenen Familie und ziehe mich immer wieder dorthin zurück, um in Ruhe zu arbeiten.

Mit der Zeit ist der Westerwald zu meiner eigentlichen Heimat geworden. Meine Erinnerungen an die Kinder- und Jugendjahre sind immer stärker und gewichtiger geworden und sind heute sogar noch weitaus stärker als die an all die vielen Städte, in denen ich in meinem Leben eine Zeitlang gelebt habe. So tritt »das Westerwäldische« in mir immer deutlicher und mächtiger hervor. Obwohl ich nicht immer im Westerwald gelebt habe, ist doch kein Jahr meines Lebens vergangen, in dem ich nicht viel Zeit dort verbracht hätte. Meine Bewegungen vom Westerwald fort und wiederum zu ihm hin sind dadurch zu den eigentlichen Reisen meines Lebens geworden.

Heute betrachte ich sie als essentielle Rhythmen und damit als Rhythmen, an denen sich in meinem Fall so etwas wie »Wachstum«, »Entwicklung« und »Erneuerung« ablesen lässt. Deshalb kann ich heute mit einigem Stolz sagen: Ich bin ein Westerwälder. Ja, ich bin ein Westerwälder, aber ich bin es geworden, ich bin es nicht immer von vornherein schon allein dadurch gewesen, dass meine Eltern Westerwälder waren und ich lange Zeit meines Lebens im Westerwald verbracht habe. Der Westerwald war und ist vielmehr in meinem Inneren tief verankert, er ist das Potential, dem ich entstamme. Dieses Potential aber habe ich nicht immer schon gekannt, ich habe mich ihm vielmehr in vielen, kleinen Schritten genähert. Diese kleinen Schritte haben auch mit August Sander zu tun, und genau über diesen Zusammenhang möchte ich nun nachdenken und von ihm erzählen, indem ich meine Überlegungen und Erzählungen in Verbindung mit jenen bereits kurz gestreiften Überlegungen bringe, die Kwame Anthony Appiah zur »Philosophie des Weltbürgertums« angestellt hat.

3.

Wenn ich in den fünfziger und sechziger Jahren des vergangenen Jahrhunderts zusammen mit meinen Eltern in den Westerwald fuhr, reisten wir mit der Bahn. Von Köln aus fuhren wir die Siegstrecke entlang, wir überquerten zunächst den Rhein und machten Halt in Troisdorf und Siegburg, bis der Zug an immer kleineren Orten hielt und schließlich auch die Sieg erschien, die sich windungsreich durch die grünen Täler bewegte und einen von nun an bis Wissen begleitete.

Die Fahrt auf der Siegstrecke entlang der Sieg war in diesen Jahrzehnten eine Reise in eine immer intensiver werdende Stille. Der Lärm der Großstadt trat zurück und wich einem Landschaftstableau, das aus weiten Wiesen mit alten, oft schräg und krumm dastehenden, ins Graue verwitterten Zäunen und aus mit dichtem Laubwald bewachsenen Hügeln bestand. Kleine Orte mit einigen Fachwerk- und Schieferhäusern und gedankenlos irgendwohin ins Grüne platzierten Neubaugebieten erschienen und wurden von der weiten, meist menschenleeren Landschaft verschluckt.

Wenn wir in Wissen ausstiegen, legten wir die wenigen Schritte bis zum Haus meiner mütterlichen Großeltern zu Fuß zurück. Wir klingelten, uns wurde geöffnet, und wir gingen die schmale gewundene Treppe hinauf in den ersten Stock, wo uns die Verwandten begrüßten. Schon während ich die Treppe hinaufstieg, spürte ich, dass ich mich Schritt für Schritt hinein in eine andere Welt bewegte, es war eine Welt, die mit Köln kaum noch etwas zu tun hatte.

Das Haus, in dem ich mich jetzt befand, war das Haus meiner Großeltern, sie hatten dieses Haus bauen lassen, und jeder Gegenstand in diesem Haus gehörte in besonderer Weise zu ihrem Leben und dem Leben der anderen Verwandten, die ebenfalls in diesem Haus wohnten und – wie auch meine Großeltern – einen westerwäldischen Dialekt sprachen. Jedes Mal, wenn wir uns nach einigen Wochen der Trennung begrüßten, bekam ich diesen Dialekt wieder zu hören, ich hatte ihn vergessen, aber ich verstand ihn sofort wieder. Auch die Farben, Gerüche und Atmosphären des Hauses waren sofort wieder präsent, es waren die ältesten und vertrautesten Atmosphären meines Lebens, Atmosphären von jahrzehntelangem, beständigem Leben und Arbeiten, mit Ingredienzen, die von drei Generationen herrührten und von ihnen Tag für Tag in die Atmosphären des Hauses eingespeist worden waren.

Wenn wir einige Tage oder gar Wochen blieben, übernahm ich den westerwäldischen Dialekt nach kurzer Zeit wieder. Ohne es selbst in aller Deutlichkeit zu bemerken, legte ich den rheinischen Singsang, den ich mir in Köln angewöhnt hatte, allmählich ab und begann, langsamer und schwerer zu sprechen. Später dann, wenn wir Wissen an der Sieg wieder verließen, sprach ich so eindeutig Dialekt, dass meine Mitschüler in den Großstädten bei meinen ersten Sätzen zusammenzuckten und mich anstarrten, als käme ich direkt vom Mond und nicht aus einer ländlichen Gegend kaum 50 Kilometer östlich von Köln.

Manchmal freilich hatte ich selbst das Gefühl, mich zwar nicht auf dem Mond, wohl aber in einer sehr fernen, mondähnlichen Gegend aufgehalten zu haben. Meine Eltern nannten diese Gegend »das Land«, sie sagten »Wir waren mal wieder auf dem Land« oder »Ach, wie schön war es doch auf dem Land!«. Auf dem Land zu leben, das bedeutete für sie: Einzutauchen in die Gemeinschaft mit den Verwandten, Bekannten und Freunden, sich wieder einzureihen in den uralten Stamm der Westerwälder.

Für das Kind jedoch, das ich damals noch war, gestaltete sich dieses Eintauchen weitaus schwieriger. Auf dem großen Waldgrundstück, auf dem sich das Haus meiner Eltern befand, war ich meist allein, es gab keine Nachbarn, weit und breit war kein anderes Haus zu sehen. Gegenwärtig waren in dieser Waldeinsamkeit vor allem die Naturgeräusche, das Rauschen des Waldes, die Geräusche, die von den vielen Tieren verursacht wurden, oder das Rauschen des Windes, der im Herbst und Winter besonders heftig über unseren Hügelkamm fuhr.

Sonst aber herrschte die große Stille des Landes, es war jene Stille, der man zwischen den Feldern mit den mannshohen Mais-Stauden und den goldenen Getreide-

Ähren begegnete, es war die Mittags-Stille, in der die Rinder und Kühe im Schatten der alten Bäume an den Rändern der Wiesen lagen, ja, es war damals, in den fünfziger und frühen sechziger Jahren, die allgegenwärtige mythische Erden-Stille, in einer Zeit vor dem ebenso allgegenwärtigen Auftritt der Medien, einer Zeit also ohne Fernsehen und mit nur wenigen Rundfunkprogrammen, einer Zeit mit höchstens sporadischer Zeitungslektüre, fernab von den Kommunikationsströmen der Welt, einer Zeit im Gespräch mit den Bewohnern des Westerwaldes und vor allem im Gespräch mit einem selbst, einer Zeit, in der ich als Kind oft stundenlang nur mit mir selbst sprach.

So gesehen, lebte ich damals wahrhaftig in einer fernen, mondähnlichen Gegend, oder, anders gesagt: Ich lebte in einer jener frühen und alten Menschengruppen, an deren besondere Lebensbedingungen der Historiker Kwame Anthony Appiah in seinem Buch über die Entstehung des »Kosmopoliten« erinnert hat. Die Westerwälder – damals erlebte ich sie wie einen eigenen, in geschlossenen Bezirken lebenden Stamm, dessen Mitglieder sich in einer langsamen, schweren und dunklen Sprache untereinander verständigten. Von außen, aus der Ferne, drang offensichtlich wenig in das Leben dieses Stammes hinein, den Stammesmitgliedern schien es vielmehr durchaus zu genügen, ihre bereits seit langen Zeiträumen betriebenen Arbeiten gewissenhaft auszuführen und den damit verbundenen Lebensritualen zu folgen.

Sonntags waren die Kirchen bis zum letzten Platz

voll besetzt, nach dem Gottesdienst gingen die älteren Männer in die Wirtschaft am Kirchplatz, während die Frauen zum Kochen des Mittagessens nach Hause eilten und die Kinder hinunter zur Sieg liefen, um Kieselsteine über das Wasser springen zu lassen. Während der Wochentage aber blieb es in dem kleinen Ort am frühen Vormittag lange still, die Geschäfte öffneten spät, rasch wurde man mit den wenigen, anstehenden Besorgungen fertig, denn in kaum einer halben Stunde hatte man den ganzen Ort durchquert und mit dem Obsthändler, dem Bäcker, dem Metzger und dem Postbeamten ein paar westerwäldische Worte gewechselt. Kaum ein Fahrzeug bewegte sich über die Straßen, es bewegte sich überhaupt kaum jemand in dem kleinen Ort, höchstens die Bäume am Kirchplatz und unten an der Sieg bewegten sich leise, während mittags, nach einer kleinen Mahlzeit, alles in einen stundenlangen Schlaf fiel und die Geräusche im Ort dann vollends erstarben.

In dieser Stille, die im Grunde nicht die Stille in der Mitte des 20. Jahrhunderts, sondern die Stille am Ende des neunzehnten Jahrhunderts war, bin ich groß geworden. Heutzutage sehne ich mich manchmal nach ihr zurück, ich sehne mich danach zurück, in der Frühe durch einen stillen Ort gehen zu können, in dem einem niemand mit einem Handy am Ohr entgegenkommt, ja, ich sehne mich zurück nach der Zeit vor dem großen Auftritt der Medien, die einem heutzutage so viel Kraft abverlangen, gegenüber ihren Verlockungen immun und autark zu bleiben.

Damals aber, in den fünfziger und frühen sechziger Jahren, sah ich das westerwäldische Leben noch nicht von außen. Ich fühlte mich in ihm geborgen, ich lebte einige Monate des Jahres wie ein Mitglied eines geheimen, weitgehend unbekannten Stammes, von dem es in der sogenannten weiten Welt im Grunde keinerlei Vorstellungen und Nachrichten und von dem es erst recht keine Bilder oder Darstellungen gab.

Die ersten Forscher, die etwa seit der Mitte des 19. Jahrhunderts versucht hatten, diesen Stamm und seinen Lebensraum zu beschreiben, hatten lauter seltsame Sätze notiert, Sätze etwa wie den, dass der Westerwald ein hohes Gebirge zwischen Rhein, Lahn und Sieg sei, worauf man nichts als Himmel, Pfützen und große Steine sehe, oder Sätze wie den, dass es sich um ein Schnee- und Nebelland handle, dessen kahle Hochebenen das ganze Jahr über so heftig von jähen Windströmen durchfegt würden, dass die edleren Getreidearten nicht vorkämen und unter den Kulturpflanzen die Kartoffel die Hauptrolle spiele, während edlere Pflanzen wie etwa Kirschen zwei Jahre zum Reifwerden bräuchten, das eine Jahr für die eine, das zweite für die andere Seite der Früchte.[2]

Solche Sätze belegten, wie ungenau die Vorstellungen waren, die man sich in der weiten Welt vom Wes-

2 So die bekannten Äußerungen von Wilhelm Heinrich Riehl in seiner volkskundlichen Studie über das »Land der armen Leute«, zitiert nach: EUGEN HEYN: *Der Westerwald und seine Bewohner von den ältesten Zeiten bis heute.* (Neudruck der Ausgabe 1893). Niederwalluf 1970, S. 3–5

terwald und seinen Bewohnern machte, auf den ersten Blick waren sie erkennbar als Sätze weniger über ein wirkliches als ein mythisches Gelände, über das man sich wie über ein Phantasiegebilde verständigte, anstatt es selbst einmal aufzusuchen und seinen Bewohnern in die Augen zu schauen.

Andererseits belegten solche Sätze aber auch, wie wenig es diesen Bewohnern bis dahin gelungen war, die weite Welt mit sich bekannt zu machen. Jahrhundertelang war der Westerwald eine Gegend ohne Bilder von sich selbst, jahrhundertelang lebte er im Schlummer seiner Gewohnheiten, Rituale und Stammesriten. Dieser Schlummer war sogar in den fünfziger und frühen sechziger Jahren des vergangenen Jahrhunderts noch vorhanden, ich selbst habe das westerwäldische Schlummerleben ja noch in meiner Kindheit und Jugend erlebt. Langsam erst regte sich diese Gegend so, dass sie auch in der weiten Welt wahrgenommen wurde, in meinem Fall hatten solche Wahrnehmungen von außen und damit aus der Distanz einen konkreten Auslöser, denn ich nahm den Westerwald und seine Bewohner genau von jenem Moment an genauer und auch aus der Distanz wahr, als ich die Fotografien August Sanders zum ersten Mal sah.

4.

Den Fotografien August Sanders begegnete ich zum ersten Mal Anfang der siebziger Jahre. Zunächst waren es nur wenige, auf die ich aufmerksam wurde, als ich mich intensiver mit der Geschichte der Fotografie be-

Bäuerin, 1912

Die Familie in der Generation, 1912

schäftigte. Eine der ersten Fotografien, die ich dabei kennen lernte, war die berühmte aus dem Jahr 1914 mit den drei im Sonntagsstaat auf einem Feldweg stehenden *Jungbauern*, von denen wir Westerwälder inzwischen wissen, dass es sich um Otto Krieger sowie die Vettern Klein aus Dünebusch handelt.[3] Daneben stieß ich auf Fotografien Westerwälder Bauern in ihren alten Trachten und Gewändern, alle noch aus der Zeit vor dem Ersten Weltkrieg.

---

3 Vgl. den Artikel von SILVIA PATT: August Sanders fesche Jungbauern waren Otto Krieger und die Vettern Klein. In: *Rhein-Zeitung*, Regionalausgabe Altenkirchen. 20.02.2008. http://www.kukik.de/wp-content/uploads/2011/08/2008-02-20-RZ-August-Sanders-fesche-Jungbauern-waren-Otto-Krieger-und-die-Vettern-Klein.pdf

Damals, in den siebziger Jahren, machten diese Fotografien einen ungeheuren Eindruck auf mich, waren es doch Bilder, die ich einerseits wie Familienfotografien betrachtete und die andererseits doch unübersehbar mehr waren als schlichte Familienporträts. Meine innere Nähe zu diesen Bildern sagte mir, dass auf ihnen etwas von meinen Verwandten und damit von mir selbst getroffen war, »der mit der Zigarette ähnelt meinem Onkel H., ja genau, und der mit der breiten Stirn ähnelt meinem Vater, und diese alte Frau mit dem schwarzen Kopftuch um das Gesicht, das könnte meine Großmutter sein …«

Die Fotografien hatten etwas ergreifend Direktes, sie wirkten, als seien die mir vertrauten Gesichter und Körper zu Ikonen erstarrt, an denen sich nun etwas studieren ließ. Wirkungsvoll waren diese Ikonen aber vor allem dadurch, dass sie vor dem nur angedeuteten, aber doch deutlich wahrnehmbaren Hintergrund der Westerwälder Landschaft erschienen. Hinter der alten Bäuerin nämlich tauchten die kahlen Äste der krummen Westerwälder Bäume und das schneebedeckte Dach eines Westerwälder Gehöftes auf, während die Bauernfamilie anscheinend auf kaum erkennbaren Holzstühlen am Rand eines Fichtenwaldes Platz genommen hatte.

Die drei Jungbauern schließlich – sie waren auf einem Feldweg von jener Art unterwegs, wie ich sie selbst seit Jahrzehnten kannte, es war ein schmaler, holpriger Weg am Rand der bis zum Horizont ansteigenden Wiesen und Felder.

Die Menschen erschienen auf diesen Fotografien also in enger Verbindung mit der Landschaft, die hier keine bloße Kulisse, sondern der Raum war, der sie hervorgebracht hatte. Dieser enge Bezug verlieh ihnen etwas Kreatürliches und damit etwas von Lebewesen, die ohne die sie umgebende Natur nicht zu denken waren. Sander hatte diesen Bezug der Menschen zu den sie umgebenden Räumen jedoch weder dramatisiert noch betont, vielmehr hatte er ihn beinahe unauffällig, mit unglaublicher ästhetischer Noblesse, versteckt. Dadurch aber wirkte der gleichwohl unverkennbare Kunstanspruch seiner Fotografien reduziert, als dürfte sich die Kunst nicht hervortun, als dürfte sie den Menschen und Dingen nichts aufdrängen, sondern als müsste sie Menschen und Dinge nur in genau jenes Erscheinen setzen, das ihre Gestalt und ihr Dasein verdeutlichten.

Diese »Deutlichkeit« verlieh den Menschen auf den Fotografien so etwas wie Unantastbarkeit und Würde. Der Betrachter kann sie nicht ins Gespräch ziehen, ja er kann ihnen nicht zu Leibe rücken. Der Blick auf diese Menschengruppen und in diese verschwiegen, streng und beharrlich erscheinenden Gesichter ist ein Blick auf das Rätsel ihrer Existenz und damit ein studierender, nach dem Geheimnis der jeweiligen Fotografie suchender und nach Details ausschauender Blick, der plötzlich von einem Detail wie einem schneebedeckten Dach, einem Fichtenstamm oder einem Feldweg angezogen wird.[4] Derart verlangsamt sich der Blick und bekommt etwas von jener Langsamkeit, die nun wiederum den Blick des Fotografen bestimmt hat.

August Sander ist nicht der Fotograf des raschen, zupackenden Sehens, es gibt von ihm keine Fotografien, die sich auf den Augenblick einlassen. Was er in seinen Fotografien einfängt, ist vielmehr das über lange Zeiträume Entstandene und Gewordene, es ist das Gesicht, die Gestalt, die Landschaft. So verharrt die Kamera sekundenlang vor ihren reglos gewordenen Objekten, bis sie mehr sieht und wahrnimmt als wir mit unseren eigenen Augen sehen und wahrnehmen: Wir fixieren jene Präsenz, jenes Gegenwärtige, in dem sich ein Zeitraum von Jahrhunderten wie das gewaltige Geröll einer Endmoräne abgelagert hat.

Sander nähert sich seinen Gestalten, Dingen und Landschaften also in einem ganz anderen Sinn als wir es von der heutigen Fotografie gewohnt sind. Nicht das Augenblickliche tritt in seinen Fotografien in Erscheinung, nicht der besondere Moment, die unerwartete Geste, das erstaunliche Detail oder die noch nicht gesehene Sensation, sondern: gehortete Zeit. Wie aber ist so etwas möglich? Wie ist es möglich, dass ein Fotograf der Fotografie einen Sinn abgewinnt, der in dem denkbar größten Gegensatz zu den vielen Sinnzuschreibungen steht, mit denen man der Fotografie ein ästhetisches Fundament zusprach?

---

4 Das Detail in einer Fotografie, das einen anzieht und damit in eine Erzählung verstrickt, hat Roland Barthes in seiner berühmten Studie über die Fotografie »das punctum« genannt (vgl. ROLAND BARTHES: *Die helle Kammer. Bemerkungen zur Photographie.* Übersetzt von Dietrich Laube. Frankfurt / M. 1985, S. 50ff.)

5.

Um die Arbeiten von August Sander ganz zu begreifen, ist es notwendig, an die Ursprünge seiner Fotografien zu erinnern. Sander begann sein großes Projekt der Porträtierung der deutschen Gesellschaftsschichten[5] nicht irgendwo, sondern in der Landschaft, der er entstammte, im Westerwald. Am Anfang seines Projekts standen seine Streifzüge durch diese Landschaft und die frühen Auftragsarbeiten, die ihn von Hof zu Hof führten und jene Fotografien entstehen ließen, die er später in einer sogenannten »Stammmappe« zusammenführte. Über ihre Entstehung berichtete er 1954: »Die Gestalten zu der Mappe sind in der engeren Heimat des Westerwaldes entstanden. Menschen, die ich in ihren Gewohnheiten von Jugend auf kannte, schienen mir durch ihre Naturgebundenheit dazu geeignet, meine Idee in einer Stammmappe zu verwirklichen, damit war der Anfang gemacht …«[6]

Die »engere Heimat«, die Menschen, die er von Jugend an kennt – ihr und ihnen gegenüber platziert sich der Westerwälder August Sander und verharrt sekundenlang, um ihre lange, bilderlose Geschichte zu er-

---

5 AUGUST SANDER: *Menschen des 20. Jahrhunderts. Ein Kulturwerk in Lichtbildern eingeteilt in sieben Gruppen.* Sieben Bände. Hrsg. Die Photographische Sammlung / SK Stiftung Kultur. Köln, München 2002

6 Vgl. GABRIELE CONRATH-SCHOLL / SUSANNE LANGE: Einen Spiegel der Zeit schaffen. August Sanders Menschen des 20. Jahrhunderts, in: *Zeithistorische Forschungen / Studies in Contemporary History,* Online-Ausgabe, 1 (2004), H. 2, URL: https://zeithistorische-forschungen.de/2-2004/4436

zählen und Landschaft und Menschen ins Bild zu setzen. Beharrlichkeit, Standvermögen, Regungslosigkeit – das sind die Attribute, deren es bedarf, um das Spezifische dieser besonderen Objekte einzufangen: die Stille, den Naturbezug, den Eigensinn, das Für-sich-bleiben-Wollen.

Diese Ausgangssituation wird bestimmend für Sanders Ästhetik. Immer, wenn er von ihr gesprochen oder geschrieben hat, hat er zwei Begriffe ins Spiel gebracht, die er für zentral hielt: zum einen den Begriff des »Wesentlichen«, zum anderen den der »Lichtmalerei«. Fotografie, heißt es dann, solle Menschen und Dinge so porträtieren, dass sie nicht das Flüchtige, sondern das Dauerhafte, das »Wesentliche«, einfange; und sie solle es zweitens tun, indem das Licht selbst das Bild hervorbringe. Nicht der Fotograf, sondern das Licht sei für das Kunstmoment der Fotografie verantwortlich – so lautet Sanders häufig wiederholtes Credo.

Dieses Credo lehnt sich eng an die erstaunten Kommentare der ersten Betrachter von Daguerreotypien und Fotografien in den ersten Jahrzehnten des neunzehnten Jahrhunderts an. Damals nämlich standen diese Betrachter vor der Schwierigkeit, zum ersten Mal beschreiben und klassifizieren zu müssen, womit man es bei dem neuen Medium und seinen Hervorbringungen zu tun habe. Einerseits, so die frühsten Einsichten, handele es sich um Hervorbringungen des Menschen, ähnlich Kunstwerken, andererseits handele es sich aber eben auch um Hervorbringungen der Natur, die sich in den Daguerreotypien gleichsam selbst porträtiere. Für dieses komplexe Zwittermoment des neuen Mediums erfand man den Begriff der »Lichtzeichnung«: Die Fotografie, so heißt es immer wieder, sei ein Selbstbildnis der Natur mit Hilfe des Lichts, die Fotografie sei der »Zeichenstift der Natur«.[7]

Genau diesen sehr frühen ästhetischen Kennzeichnungen der Fotografie bleibt August Sander ein Leben lang treu. Er geht nicht mit den Moden der Zeit, sondern versteht sich seit seinen Anfängen als ein Fotograf des beinahe Leblosen, Stillen, Zur-Ruhe-Gekommenen und damit als ein Fotograf des nicht individuellen, sondern überindividuellen Porträts. Nicht der berüchtigte »Blick des Fotografen« beherrscht das Bild und greift in seine Strukturen ein, nicht seine Subjektivität ist es, die das Bild ordnet und bestimmt. Umgekehrt aber werden auch die Objekte nicht gedrängt, Positionen einzunehmen, sich darzustellen, etwas von ihrer Subjektivität preiszugeben. Zwischen dem Betrachter und seinen Objekten waltet eine große Distanz, die aber nun gerade nicht durch Fremdheit entstanden, sondern eine Distanz ist, der paradoxerweise gerade die Herkunftsnähe von Fotograf und Fotografierten zugrunde liegt.

Beide, der Fotograf und seine Objekte, haben dieselbe Herkunft und dasselbe Temperament. Sie beweisen es, indem sie sich gleichsam »westerwäldisch« verhalten: distanziert, ja sogar mit deutlich erkenn-

---

7 Vgl. BERND STIEGLER: *Theoriegeschichte der Fotografie.* München 2006, S. 15ff.

barem Misstrauen und erkennbarer Vorsicht, jeder für sich bleibend, als zwei getrennte und eben doch zusammengehörende Lager. Indem sie als Westerwälder verharren, beziehen sie sich auf ihre Ur-Erfahrungen, auf die Erfahrungen des dunkel gekleideten Stammes, der seit Jahrhunderten unter der Erde, in den Bergwerken an der Sieg, und direkt auf der Erde, auf den kargen Feldern der westerwäldischen Höhenplateaus, sein Auskommen suchen musste. August Sander kam genau aus diesen Milieus, aus den Milieus des siegerländischen und westerwäldischen »Eisenwaldes«[8], als junger Mann arbeitete der Sohn eines Grubenzimmerhauers noch als Haldenjunge in einer Herdorfer Eisenerzgrube, und eine Anekdote besagt, dass er genau dort das Interesse an der Fotografie und damit an der »Lichtzeichnung« entdeckt habe.

Die mythische Tiefen-Erfahrung von Siegerland und Westerwald also hat Sanders Werk erst eigentlich hervorgebracht, ohne sie ist dieses Werk nicht zu verstehen. Im zwanzigsten Jahrhundert ist es das zentrale und beinahe alleinige ästhetische Medium dieser Landschaften geworden, ein Bild-Medium, das den uralten Raum modernen Lichtquellen aussetzte, indem es sich in diesem Raum selbst einnistete. Als ein »In-der-Welt-Sein«, als Aufhebung des alten, traditionellen Gegensatzes von Subjekten und Objekten, hat Sander das Fotografieren empfunden, und es ist genau dieser

8 So der Titel eines Dokumentarfilms aus den fünfziger Jahren, der auch als DVD (mundus tv, Edition 2007) zu erhalten ist

ästhetische Hintergrund, der sein Werk in eine deutliche Nähe zu jener Philosophie rückt, die in Deutschland beinahe zeitgleich ebenfalls vom Land aus gedacht wurde. Mit der Philosophie Martin Heideggers und seinem in den zwanziger Jahren erschienenen Werk *Sein und Zeit* ist Sanders Fotografie daher mehr als nur verwandt, beide gehen vielmehr von denselben, zeituntypischen Voraussetzungen aus, von der Erfahrung des Seins als gehorteter Zeit.

Von daher kann man sagen: August Sander ist jener Westerwälder, der eine Ästhetik aus dem Geist des Westerwäldischen begründet und dem Westerwald dadurch als erster ein Bild gegeben hat. Bei Betrachtung seiner Fotografien begegnet der Westerwälder plötzlich sich selbst, er begegnet seiner jahrhundertealten Absenz, seinem Leben in einer Landschaft fern von den großen Verkehrswegen und den überregionalen Debatten. Als hätte die Erde sie hervorgebracht, als wären sie emporgestiegen aus deren Tiefen und Höhlen, taucht dieser fremde Stamm plötzlich vor uns auf, ein dunkel gekleidetes Volk, ein Erdvolk, ohne jedes Moment der Anbiederung an den Betrachter, ja sogar eher mit einem Moment erkennbarer Abgrenzung: *Bleiv mir vom Leiv!*

Viele bedeutende Schriftsteller (und unter ihnen besonders viele bedeutende Essayisten) haben die Fotografien August Sanders seit ihren öffentlichen Präsentationen in den zwanziger Jahren beschrieben und kommentiert, die meisten aber haben ihn trotz all ihrer Sympathien und Emphasen missverstanden. Walter Benjamin etwa hat an ihnen hervorgehoben, dass

Sander sich vor allem auf die »unmittelbare Beobachtung« bezogen habe; diese Form der Beobachtung sei eine vorurteilslose, ja kühne, zugleich aber auch zarte gewesen, nämlich im Sinne des Goetheschen Wortes: »Es gibt eine zarte Empirie, die sich mit dem Gegenstande innigst identisch macht und dadurch zur eigentlichen Theorie wird.«

Genau diese Bemerkungen zitiert wiederum John Berger, der bekannte englische Kunstkritiker, Essayist und Romancier, in einem Essay über Sanders Fotografien, in dem er sich besonders ausführlich dem Foto mit den drei Jungbauern widmet.[9] Auch Berger folgt der These von der »unmittelbaren Beobachtung« und der »zarten Empirie«, mit der August Sander Menschen und Dingen begegnet sei.

Kaum eine Behauptung ist jedoch verkehrter, Sander ist weder »unmittelbar« noch findet man in seiner Empirie irgendwelche Momente von Zartheit. Westerwälder wissen das besser, Westerwälder wissen, dass Westerwälder sich weder »unmittelbar« zueinander verhalten noch in ihrem Umgang miteinander Momenten von Zartheit irgendeine Chance geben.

Wenn man das weiß, wenn man mit den Besonderheiten des westerwäldischen Stammes vertraut ist, kann man Fotografien wie etwa Sanders frühe Fotografie mit den drei Jungbauern nicht mehr so betrachten

---

9 JOHN BERGER: Der Anzug und die Photographie. In: *Das Leben der Bilder oder die Kunst des Sehens.* Aus dem Englischen von Stephen Tree. Berlin 1981, S. 27ff.

wie der weltmännische und weitgereiste Kunstkritiker John Berger. In Bergers Augen nämlich machen sich die drei Jungbauern in ihren modischen Gentleman-Anzügen vor den Augen des Betrachters lächerlich; sie ahnen angeblich nicht, wie fremd und komisch sie da in ihrer bloß geborgten Großstadt-Eleganz auf dem holprigen Feldweg wirken, ja sie wirken angeblich wie Entfremdete, die ihre bäuerliche Herkunft an die letzte Mode aus England und Frankreich verraten haben.

Otto Krieger und die Vettern Klein als Entfremdete?! – Wir Westerwälder müssen John Berger bitten, sich das Foto der drei Jungbauern noch einmal genauer, in westerwäldischer Gelassenheit, anzuschauen. Otto Krieger und die Vettern Klein präsentieren sich nämlich nicht von vorn, sondern seitlich, sie sind unterwegs, und ihre Blicke bedeuten dem Fotografen: Mann Gottes, halt uns nicht auf, störe unsere Kreise nicht, sondern bleib, wo Du bist! Dort stehst *Du*, der Fotograf August Sander, hier aber stehen *wir*, Otto Krieger und die Vettern Klein! Wir haben uns in unseren Sonntags-Staat geworfen, wir spielen bestes westerwäldisches Jungbauern-Theater! Mit unseren drei Spazierstöcken und unseren drei Hüten spielen wir das Westerwald-Trio! Otto raucht, er ist der lässigste und munterste von uns allen, deshalb darf er den Spazierstock auch schräg halten; die Vettern Klein aber spielen die Beharrenden, deshalb halten sie ihre Stöcke gerade, als bohrten sie damit tief hinein in die westerwäldische Erde. Summa summarum: Uns Dreien macht keiner was vor, wir sind westerwäldisch gewitzt, und wir nehmen es mit jedem ›Weltbürger‹ auf. Die Kleidung der ›Weltbürger‹ aber tragen wir nicht, um jemandem zu gefallen, nein, wir tragen sie, weil wir uns selbst in ihr gefallen. Wir gefallen uns selbst, so ist das. Uns, wie gesagt, macht keiner was vor, kein August Sander, kein John Berger. Und jetzt: *Bleivt, wo Ihr seid, mir haun jetzt ab, mir han zu dön!*

6.

In den späten siebziger Jahren schrieb ich meinen ersten Roman, der 1979 mit dem Titel *Fermer* erschien. Fermer – das ist die Hauptfigur, ein junger Mann von kaum zwanzig Jahren, der die Schulzeit gerade hinter sich hat und zum Militär eingezogen worden ist. An einem Vorfrühlingsabend kehrt er nicht mehr in die Kaserne zurück, er desertiert, und diese Desertion wird zu einer langen Reise durch Deutschland, auf der Suche nach dem inneren Frieden und dem inneren Glück.

Als ich diesen Debütroman schrieb, konnte ich nicht sicher wissen, dass ich noch viele weitere Romane schreiben und veröffentlichen würde. Als wollte ich in ihn alles von dem hineinpacken, was mir bis zu meinem damaligen Alter wichtig gewesen war, erzählte ich von vielen Menschen, die mir bis dahin sehr viel bedeutet hatten. Zugleich ließ ich diese Menschen aber auch in Landschaften und Räumen agieren, die ich nicht nur gut kannte, sondern auch liebte.

Der Roman beginnt in Mainz und führt dann in den Rheingau, vom Rheingau aus geht es an einem großen Fluss entlang, bis der Held sich im zentralen Mittelstück des Romans in seine heimatliche Landschaft aufmacht, dorthin, wo seine Eltern wohnen, dorthin, wo er seine Kindheit und Jugend verbracht hat: *Kleine Tannenwälder an den Abhängen der Schluchten, die Schneedecke auf den Wiesen, hohe Gräser und verwachsene Kiefernsträucher schauten noch heraus. Nebel wie Sprühregen zwischen den Tannen, dahinter schon alles im Grau. Den Frühling hatte er in dieser Gegend nie mit offenen Augen erlebt. So selten war die Sonne durch die meist tief hängenden Wolken gedrungen, hatte sich nicht befreien können, nicht vom Dunkel, nicht vom starken Wind, der über die kahlen Höhen zog ...*[10]

So naturtrunken und beinahe naturselig geht es immer weiter, es ist eine Heimkehr nach Hause, tief ins Innere hinein, in die uralte, vertraute Kindheits-Landschaft. Doch nicht Mutter und Vater sucht der junge Fermer in dieser Landschaft zuerst auf, sondern einen Mann, den sie in dieser Gegend nur »den Müller« nennen. Der »Müller« lebt allein, im Abseits, fern vom Dorf, er ist eine Art Außenseiter und doch mit der Geschichte und den Eigenheiten der Landschaft eng verbunden. Der »Müller« ist ihr mythischer Erzähler und damit ihr Bewahrer.

Auf diese Gestalt bewegt sich der junge Fermer auf seiner langen Reise zu: *An einer großen Buche gabelte sich der Weg; in der Senke lag die alte Mühle. Hier trat auch schon seit den Zeiten, in denen er hier als Kind ge-*

---

10 Vgl. HANNS-JOSEF ORTHEIL: *Fermer.* Roman. Frankfurt/Main 1979, S. 183, und weiter S. 183–9

spielt hatte, eine Quelle aus der Erde hervor. Er sah noch die Tafel mit den Namen der Gefallenen, die neben der Buche an einem mächtigen Felsen angebracht war, dann ging er zur Mühle hinab. Der Weg war noch zugeschneit, doch er hatte das Steinhaus bald erreicht. Am Fenster bewegte sich eine Gardine, unter dem kleinen Kreuz, das über dem Eingang hing, blieb er stehen. Die Tür öffnete sich, und der Mann, den sie im Dorf immer den »Müller« genannt hatten, stand vor ihm und schaute ihn an.

Der alte Mann stand vor ihm und schaute ihn an …, sie blicken sich direkt in die Augen. Das ist der Moment der eigentlichen Ankunft, es ist jener Moment, in dem der junge Fermer in seiner ihm fremd gewordenen Heimat aufgenommen wird.

Die Textstelle hat ein Geheimnis, das ich bis heute gehütet habe. Sie ist nämlich inspiriert durch eine Fotografie der damals bereits hochberühmten amerikanischen Fotografin Imogen Cunningham, die sich 1960 auf den Weg nach Kuchhausen im Westerwald machte, um den alten August Sander in der Wohnungstür seines schlichten westerwäldischen Fachwerkhauses zu fotografieren.

August Sander bietet der fremden Betrachterin die Brust. Er trägt einen weltmännischen Anzug, aber er trägt ihn auf westerwäldische Art, mit dem westerwäldischen Schalk im Nacken: Die Hose sitzt viel zu hoch, sie reicht beinahe bis unter das Kinn. Die Brillengläser halten die berühmte Kollegin auf Distanz, die Baskenmütze bringt eine künstlerische Note ins Spiel, in der

Rechten hält er einen Spazierstock von genau jener Art, wie ihn die drei westerwäldischen Jungbauern mit sich führten.

Vom Betrachter aus gesehen links aber stehen die Utensilien der westerwäldischen Welt an der Hauswand: Ein Reisigbesen, ein krummer Stock. Und daneben: Ein alter, schlichter Briefkasten, der damalige Kontakt zur weiten Welt, zur Welt des »Weltbürgertums«.

Der alte Mann, der in der Türe seines Häuschens steht, ist ein solcher Weltbürger geworden und ist doch ein Westerwälder geblieben. Er ist ein Westerwälder im weltbürgerlichen Gewand, der – ganz ähnlich wie seine gewitzten Jungbauern – eine weltbürgerliche Szene entwirft.

Es war genau dieses Foto, an das ich dachte, als ich von dem alten Mann schrieb, der den jungen Fermer in seiner Heimat empfängt und aufnimmt, nicht zufällig habe ich ihm im Roman den Mädchennamen meiner Mutter (»Müller«) gegeben. Die Heimkehr des jungen Fermer nach Hause war daher für mich eine Heimkehr in die Landschaften August Sanders – und damit eine Heimkehr in die Landschaften jenes von mir so verehrten, einzigartigen Menschen, der mir den Westerwald wiedergeschenkt hat: *Die Tür öffnete sich, und der Mann, den sie im Dorf immer den »Müller« genannt hatten, stand vor ihm und schaute ihn an.*

Imogen Cunningham: *August Sander*, 1960

Selbstbildnis, 1911

August Sanders Gesichter des Westerwaldes[11]

1.

Auf einem Foto dieser Ausstellung ist der Fotograf August Sander selbst zu erkennen. Es zeigt ihn fast vollständig eingepasst in ein landschaftliches Detail, mitten im Winter. Die schweren Schuhe stecken im hohen Schnee, der sich auch von Mantel und Hut nicht abschütteln ließ. Noch massiger wirkt dieser weiße Besatz auf den Bäumen im Hintergrund, die so etwas wie eine Folie für die ernste Gestalt im Vordergrund abgeben. August Sander jedoch hebt sich mit seinem Auftritt von dieser landschaftlichen Folie keineswegs ab. Er wirkt vielmehr wie ein integrierter Teil der Landschaft, der sich aus dem Bildzusammenhang nicht heraustrennen lässt. Die verschneiten Bäume und der eingeschneite Fotograf – sie sind kaum zu unterscheiden, nur ein einziges Detail sticht ab und zieht den Betrachter dadurch umso mehr an. Es ist das von einem dunklen Bart gerahmte Gesicht des Fotografen, es ist sein scharfer, forschender, den Betrachter fixierender Blick.

Sander begegnet dem Betrachter mit seiner eingehüllten Gestalt nicht frontal. Anders als viele seiner menschlichen Objekte zeigt er sich auch nicht als Mitglied eines Berufsstandes in einer sozialen Rolle oder als Teil einer Gemeinschaft (Familie, Verein, Musik-

---

11 Rede anlässlich der Ausstellung »August Sander – Der Westerwald im Spiegel der Zeit«. Kreishaus Altenkirchen 2016

kapelle). Er führt sein Arbeitsgerät zwar mit sich, stellt es aber nicht aus. Vielmehr porträtiert er sich seitlich, als einen die Landschaft gehend durchmessenden Menschen. Dieser Mensch ist wie ein stiller Jäger unterwegs, er verfolgt und hinterlässt Spuren und Witterung, es sind die Spuren, die ihn jahrzehntelang durch seine westerwäldische Heimat führen, mit starker Anhänglichkeit und geprägt von einer Zuwendung, die jeden Betrachter heutzutage noch sprachlos macht.

Das Selbstporträt des Verschneiten [*Selbstbildnis*] zeigt August Sander als einen Wanderfotografen. Er durchstreift eine Landschaft, in der er mit all seinen Instinkten und sensiblen Fühlern zu Hause ist und die er mit Hilfe seiner Fotografien anderen nahebringt. Dabei tritt er nicht aus der Landschaft heraus oder entfremdet sich etwa von ihr. Immer bleibt er ein »Zugehöriger«, der sie aufscheinen lässt und dabei in ihren typischen oder charakteristischen Momenten fixiert.

Sander hat sein ganzes Lebenswerk aus dem intensiven Studium des Westerwaldes hergeleitet. Diese auf seinen Fotografien so entlegen, unglaublich still und in sich versunken erscheinende Landschaft hat sich ihm als erste »zu erkennen gegeben« und – noch pathetischer gesagt – »offenbart«. Aus ihrem Studium hat er die großen Arbeitsprojekte seines Lebens hergeleitet. Indem er den Westerwald in all seinen Physiognomien studierte, ist er zu dem bedeutenden Fotografen geworden, den heute, zu Beginn des 21. Jahrhunderts, die ganze Welt kennt und verehrt.

2.

»Physiognomisches Sehen« – so lautet eine Lieblingsformel Sanders für die verschiedenen Temperamente seiner Arbeit. Sie fasst zusammen, dass er sein Objekt (eine Landschaft, ein Raumdetail, eine Menschengruppe, einzelne Personen etc.) wie ein »Gesicht« untersuchte und dessen besondere Regungen und Eigenheiten verstehen wollte. Ein solches »Gesicht« ist von Falten, Rissen und Zeichen geprägt, mit denen die Geschichte sich in seine Gestalt eingegraben hat. So ist es lebendige Gegenwart und gleichzeitig Momentaufnahme einer langen, nur für einen Augenblick zur Ruhe kommenden Vergangenheit. Darstellen kann sich dieses Verhältnis in sehr unterschiedlichen Formationen. Sie werden durch Sanders jeweils spezifischen Blick auf sein Objekt festgelegt. In den langen Jahrzehnten seiner Arbeit hat er sich diese Formationen selbst deutlich gemacht und sie immer souveräner gestaltet.

Zunächst ist da der weite, offene Landschaftsraum, der durch einen panoramatischen Blick eingefangen wird. Die kleinen westerwäldischen Dörfer auf den Fotografien dieser Ausstellung erscheinen in solchen Formationen eingebettet in eine größere Umgebung. Der Blick des Betrachters studiert die Bezüge von Weite und Enge und die ganze Nomenklatur der Einbettung.

Wie treten die Straßen, Bäume und Häuser einer Ortschaft aus den offenen Bezügen der Umgebung hervor? Welches Verhältnis zwischen Natur und menschlicher Ansiedlung ist zu erkennen? Schmiegen sich die kleinen, oft dunklen Bauten in die Landschaft wie in einen Rahmen, übernehmen sie deren Züge oder treten sie hier und da zu ihnen in einen Kontrast? Und weiter: Wie formiert sich ein Ort selbst zu einem »Gesicht«? Wo sind seine Akzente? Sind es die Kirchen, die Gehöfte am Rand oder sogar die Straßen? Wie sprechen diese Details miteinander? Tun sie es überhaupt oder stellen sie sich einander entgegen? Hat ein Ort etwas Glattes, Fügsames oder stemmt er sich gegen die Umgebung?

Es gibt die verloren, wie absichtslos hingestreuten Siedlungen, die sich ganz in der Weite der Landschaft verlieren und dagegen kaum zu behaupten scheinen [*Das Dorf Ratzert*]. Es gibt den Ort, der sich mit seinen Häusern, Kirchen und dem auf der Höhe thronenden Schloss aufreckt und um seine Höhenlage kämpft [*Hachenburg*]. Und es gibt das Dorf, das noch gar keine Struktur gefunden zu haben scheint und in dem die einzelnen Häuser quer und schräg gegeneinanderstehen, als beharrte jedes auf seinem Eigensinn [*Westerwälder Dorf*]. Nach dem ersten Anschauen solcher Panoramen beginnt der Betrachter zu assoziieren. Mit der einen Lage verbindet er so etwas wie Zurückhaltung oder Bescheidenheit, mit einer anderen Selbstbewusstein oder Beharrungsvermögen und mit der dritten Trotz oder Willkür.

»Physiognomien« in Sanderschem Sinne entstehen allmählich aus dem nüchternen Blick auf den konkreten, nie ins Dekorative versetzten Raum. Indem der Betrachter die Konkreta von Natur und menschlichen Hinterlassenschaften wahrnimmt, erfährt er sie im

oben *Das Dorf Ratzert,* 1920er / 30er Jahre
unten *Hachenburg,* 1932

Westerwälder Dorf, 1926/27

zweiten Moment aber auch als emotionales Ereignis. Die zunächst regungslos erscheinenden Räumlichkeiten treten »in Erscheinung« und verwandeln sich bei längerer, intensiver Betrachtung »in einen Ausdruck«. Diese Verschiebung geschieht im Kopf des Betrachters, dem Sander zumutet oder es überlässt, aus dem Konkret-Dinglichen das Erfahr- und Erlebbare abzuleiten.

Den panoramatischen Blick auf weite Landschaft und bauliche Grenzziehungen ergänzt der Motivblick auf ein bestimmtes Detail des Raums. Sander zeigt ein einzelnes Gehöft, ein Bauernhaus oder auch einen mächtigen Baum vor einem Hügelzug, der den nahen See und die angrenzenden kleinen Häuser überragt und beschirmt [*Lahrbach*]. Solche Details werden aus dem weiten Raum herausgeschält, um charakteris-

oben *Motiv bei Lahrbach, alter Teil,* 1913
unten *Gehöft Rosenberg, Daufenbach,* 1913

oben *Bauernhaus*, vor 1914
unten *Kleinbauernhof*, um 1920

tische Momente des menschlichen Umgangs mit der Umgebung zu verdeutlichen. So erscheint ein Gehöft [*Rosenberg*] wie eine weitläufige Zusammenrottung von Häusern und Scheunen, umschlungen und gehalten vom Verlauf der Straßen. Einige davor auf einem Feld postierte Bewohner fallen beinahe gar nicht auf und sind gerade noch wie kleine Stecknadeln vor dem dominanten Lebensumkreis des Gehöftes erkennbar.

Rückt ein größeres einzelnes Bauernhaus in den Blick [*Bauernhaus*] sind die davorstehenden Bewohner bereits besser erkennbar. Die drei Erwachsenen stehen jedoch nicht dicht nebeneinander, sondern voneinander getrennt, zwei von ihnen sind mit einem kleinen Kind verbunden. Auf diese Weise formen sie keine Gruppe, sondern stehen für sich: Jeden von ihnen verbindet eine eigene Tätigkeit und ein eigener Raum mit dem größeren, hinter ihm stehenden Gebäude, das die Erscheinung der fünf Menschen prägt und sie als Zuträger dieses Gebäudes erkennbar macht.

Auf dem Foto eines Kleinbauernhofs [*Kleinbauernhof*] sind die Menschen gegenüber dem wiederum hinter ihnen auftauchenden Gebäude gewachsen. Sie formieren sich als Familie (Mutter, Vater, zwei kleine Kinder), der eine einzelne Kuh so beigesellt ist, als hätte sie den starren, reglosen Blick von den Menschen gelernt. Bewohner und Hof bilden einen engen Lebenszusammenhang, in dem die einzelne Kuh von den Aromen der Menschen hin zu denen des Hauses vermittelt.

Sanders Motivfang widmet sich schließlich den Straßen, die in einen Ort hineinführen oder ihn durchlaufen. Solche Fotos, die sich in einen Dorfausschnitt wie in einen schmalen, von Licht und Schatten präparierten Kanal hineinbohren, sind von besonderer, ganz außerordentlicher Schönheit. Dann erscheint eine sorgfältig gepflasterte Straße wie ein breit ausgerollter, leerer, völlig ungestört daliegender Steinteppich als das vibrierende Bild einer Frühlingsverlassenheit [*Altenkirchen*].

Und eine andere Dorfstraße [*Puderbach*] kontrastiert eine Allee alter und hoher Bäume mit einer Reihe von alten, fast ebenso hohen Häusern. Bäume und Häuser scheinen einander anzublicken oder sich gegenseitig zu halten. Indem die leicht schrägen Schatten der Bäume dann auch noch über die Straße hinüberreichen bis zu den Häusern, bildet sich eine Szene. Und als sollte der stark szenische Akzent dieser Fotografie betont werden, versetzt Sander einige menschliche Figuren in dieses Ambiente: Eine Gehende mit Kopftuch vorn, mit dem Rücken zum Betrachter, zwei Stehende in der Ferne, in unterschiedlichen Entfernungen, sowie ein kleines Kind, versteckt zwischen zwei Alleebäumen.

Dadurch, dass die Gehende auf dem Weg zu den in der Ferne stehenden Personen zu sein scheint, wird der Raum auch von den Bewegungen der Menschen durchkreuzt. Sie formen ihn sichtbar (wenn auch verborgen) mit, ja, sie fangen ihn mit ihren kleinen Gestalten als einen atmosphärischen ein. Bäume, Häuser

oben *Der blühende Eingang zur Stadt Altenkirchen,*
1920er / 30er Jahre
unten *Dorfstraße zu Puderbach,* 1920er Jahre

Familie Enders, Idelberg im Nistertal, 1912

und Menschen bilden so eine Trias von verletzlichem Ausdruck: Alles auf dieser Fotografie ist wunderbar in der Schwebe, kein Detail erhält etwas Dominantes, Sanders Meisterschaft erzielt hier die Inszenierung eines stillen Gesprächs der Details.

Mit einem Foto wie dem von der *Dorfstraße zu Puderbach* kommt Sander dem Auflauern von romantischen Impulsen in seinen Objekten am nächsten. Das Romantische besteht jedoch nicht in sich aufdrängender oder herbeigezwungener Empfindung, sondern in der stummen, den Betrachter auf sich selbst verweisenden Rätselhaftigkeit der Details: Was treiben eigentlich diese Menschen da? Wie stehen sie zueinander? Haben sie überhaupt etwas »miteinander zu tun«? Oder inszeniert sie der phantastisch wirkende Raum wie ein Bühnenraum als unzugängliche, fremd bleibende Figuren, die sich all ihre Geheimnisse und Rituale bewahren?

3.

Die Fotografien von Landschaft, Natur und bewohntem Raum werden vertieft durch die Fotografien von jenen Menschen, die sich in ihr aufhalten und sie mitgestalten. Der panoramatische Landschaftsblick erhält seine Spiegelung zunächst im panoramatischen Blick auf eine ganze Familie [*Familie Enders*]. Sie wird aus ihren Behausungen ins Freie gebeten, um dort, gut sichtbar und als geschlossene Gruppe formiert, ein Bild abzugeben. Die Zugehörigkeit der einzelnen Mitglieder zur Großfamilie macht die dunkle Sonntagskleidung sichtbar, die jedem Mitglied einen altersbedingten Charakter gibt und zugleich das Verwandtschaftliche betont.

Die Köpfe der drei älteren Familienmitglieder befinden sich auf *einer* Höhe, und die Haltung der jeweils auf dem Schoss liegenden Hände ist ähnlich. Daher erscheinen diese drei Figuren als Variationen eines familiären Typus, so dass ihre Individualität im Blick auf ihre Familienzugehörigkeit verschwindet (oder keine große Rolle mehr spielt). Die um die Älteren herumstehenden Kinder rahmen die Dreiergruppe. Von den kleinsten rechts und links an den Rändern steigt der Blick des Betrachters in einer langsamen Aufwärtsbewegung hinauf zu den Gesichtern der größeren, die auf verblüffende Weise wie jüngere Adaptionen der Gesichter der Älteren erscheinen. So bezeugt der panoramatische Blick auf die Großfamilie den fortschreitenden Lebensprozess. Er porträtiert dessen Stadien wie ein Muster von altersbedingten Ausdrucksvarianten, deren Gemeinsames die Familienähnlichkeit ist.

Jede noch so individuelle Regung (wie etwa ein flüchtiges Lächeln, ein verlegenes Fremdeln oder ein sich anbiederndes Schauen) würde eine der vielen Figuren aus dem Zusammenhang heraustreten lassen und den besonderen Bildcharakter zerstören. Selbst die kleinen Kinder lächeln nicht, sondern schauen ernst, wie von der Schwere des Lebens geprägt und in Grenzen gehalten. Für den Moment der Fotografie widerfährt dieser Familie ein Zu-sich-Kommen. Jeder einzelne legt sein individuelles Profil ab und maskiert sich als ein »Antlitz der Zeit«. Wie gern hätte der Betrachter diese Einzelnen einmal unmittelbar nach der Aufnahme sich bewegen und miteinander reden gesehen! Kann man sich nicht gut vorstellen, dass die Älteren sprachlos und wie betäubt aufstanden und auch die jüngeren erst langsam wieder zu ihren jeweils eigenen Stimmen und Stimmungen fanden?

Dem Motivblick auf landschaftliche Details entspricht der Motivblick auf kleinere Gruppen oder einzelne Personen. Eine besonders eindrucksvolle Gruppe bilden die sitzenden alten oder hochbetagten Menschen, die am Ende ihres Lebens angekommen sind. Sander postiert sie auf einem Stuhl oder einer Bank und gibt ihnen kaum ein Ambiente zur Seite [*Heinrich Wardenbach*]. Ihr ganzes, vergangenes Leben ist einge-

Heinrich Wardenbach, Imhausen, 1910–12

Witwe Abel mit ihrer Tochter, Kettenhausen, 1920

fangen in den tiefen Furchen des Gesichts, in der Abwehr des Betrachters, in der dunklen, geschlossen wirkenden Kleidung, in den schwer aufeinanderliegenden, zur Ruhe gekommenen Händen. Eine fast unheimliche Stille und ein Auslaufen der Lebensimpulse vermitteln solche Porträts, die einen einzelnen Kopf wie eine Skulptur aus dem Dunkel der Umgebung herausmeißeln. Enthoben, wie eine Bildhauerarbeit, die der Lebensprozess selbst hinterlassen hat, thront er auf dem Sockel des Rumpfes. In seinem beharrlichen Ausdruck ist der letzte noch spürbare Lebenswille eingefangen, der sich nicht mehr auf die zu erlebenden Dinge der Welt hin ausrichtet, sondern sich ins Dunkel zurückzieht.

Ganz anders werden die kleinen Gruppen formiert, die noch auf dem Lebensweg sind und ihn zusammen bestreiten. Da gibt es die verwitwete Mutter mit der noch kindlichen Tochter [*Witwe Abel*] die so dicht und eng aufeinander bezogen sind und auf den jeweils anderen verweisen, dass das Fehlen eines Dritten (oder gar weiterer Personen) beinahe schmerzhaft spürbar wird. Aneinander geschweißt erscheinen diese beiden, vom Lebensprozess untrennbar miteinander verbunden. Die Mutter betont in ihrer schweren Statuarik das Gesetz und die Regel, die Tochter, scheu und folgsam an ihrer Seite den Fleiß, den Gehorsam, das tägliche Lernen.

Daneben aber gibt es häufig das noch junge Paar [*Gustav Gansauer*], das ganz am Anfang des gemeinsamen Lebensweges steht. Diesen erhofften Frühling fängt Sander in winzigen Zeichen ein, etwa dadurch, dass die Braut ein kleines Feldsträußchen hält, zu dem die Ansteckblumen im Reversknopfloch des Bräutigams eine verhaltene Verbindung aufnehmen. Tastend gruppieren sich die beiden frisch Verheirateten zu einem Doppelporträt: Die Hände schmiegen sich ineinander und bilden eine Klammer, und die Blicke erscheinen offen, unbefangen und furchtlos, als brächte die neue Verbundenheit nicht nur Sicherheit, sondern erweckte auch eine direkte Neugier auf alles Zukünftige.

In seinen Paar-Fotografien nähert sich Sander dem Privaten und teilweise sogar Intimen einer Person. Zeigt er eine einzelne aber als Mitglied eines Berufsstandes, so wird diese Privatheit zugunsten der Zeichen zurückgenommen, die den Beruf charakterisieren. Auf solchen Fotografien entsteht ein lebendiges Wechselspiel zwischen diesen hervorstechenden Zeichen und der menschlichen Haltung [*Förster Holzbach*]. Ein Förster steht am Waldrand und schaut den Betrachter nicht an. Er hält den Kopf seitlich und zwar so, als lauschte er in den Wald. Gefangen (und fast bezaubert) erscheint er von seinem Beruf. Hut, Fernglas, Gewehr und Stock gehen eine enge Verbindung zur Jagdkleidung ein und verweisen fast allesamt darauf, dass diese menschliche Figur ein Pendant der Tierwelt ist, die sie pflegen und hüten soll. Ein Vertreter dieser Tierwelt im Wald ist der kleine, geduldig und aufmerksam wirkende Hund, der in Farbe, Haltung und Ausdruck wie der ideale Gegenpart zu dem lauernden, stehenden Menschen erscheint.

Gustav Gansauer mit seiner Braut Bertha Fuchs,
Kocherscheid, 1925/26

Förster Holzbach, 1910–14

Sander hat all diese Details mit unendlicher Feinheit erkannt und gestaltet. Nichts bleibt hier dem bloß Zufälligen überlassen, so dass die Menschen, Tiere und Dinge sowie die nähere Umgebung um sie herum wie komponierte kleine Szenen oder Erzählungen erscheinen. Jede einzelne nimmt an einem kammerdramatischen Dialog teil, durch die Nähe oder Ferne der Details zueinander, durch die Verweise und nicht zuletzt dadurch, dass die einzelnen Zeichen nicht als platte Motive erscheinen, sondern plötzlich »etwas bedeuten«. Betrachtet man sie länger und genauer, scheinen sie aus dem Bildkontext herauszutreten und ihre jeweils eigenen Kulturgeschichten zu erzählen. So wirken sie – weit über ihren dokumentarischen Charakter hinaus – als Zeichen eines bestimmten Raums und einer bestimmten Zeit, die den Lebensprozess wie kleine Symbole einfangen, übersteigen und in die größere Weltgeschichte einschreiben.

Bleiben schließlich noch jene Einzelpersonen, die nicht als Mitglieder einer Familie, einer Gruppe (Musiker oder Sportler) oder eines Berufsstandes auftreten, sondern ganz für sich stehen. In diesen Fällen porträtiert Sander den individuellen Ausdruck im Werdegang einer Biografie. Ein noch junger Mann erscheint dann wie ein selbstbewusster junger Herr [*Herr Thomas*], der bereits großen Wert auf Aussehen und Kleidung legt. Der feine, gutsitzende Mantel, die dazu passende Krawatte, der blendend weiße Kragen – sie geben dem aufgeweckten, munteren (und vielleicht sogar ironischen) Gesicht einen sicheren Halt.

Der Mund ist leicht geöffnet, man glaubt ein paar Worte oder auch nur einige Redensarten zu hören. Eine solche Gestalt lässt sich vom Fotografen nicht mehr »einfangen«, sie gibt vielmehr auch etwas direkt an ihn zurück, indem sie mit ihm zu sprechen oder zu spielen scheint. Der schöne Hut betont diese jugendliche Selbstsicherheit noch, die sich von einem Älteren nichts mehr sagen lassen will. Vom Aussehen und von einer eminenten Ähnlichkeit her wirkt Herr Thomas aus Herdorf wie ein mutig gewordener junger Franz Kafka, der den mächtigen Vater und die Familie hinter sich ließ, weil er längst die Lebensregionen vor Augen hat, in die er aufbrechen und in denen er (nach seinem jugendlichen festen Glauben) sein Glück machen wird.

4.

Die berühmteste aller Westerwald-Fotografien ist jedoch die der *Jungbauern* (1914, s. S. 166), die in die Weltgeschichte der Fotografie eingegangen und zu einer ihrer berühmtesten Ikonen geworden ist. Und in der Tat: Diese Fotografie steht im Gesamtwerk zwar nicht ganz für sich, weist jedoch gegenüber den bisher in den Blick genommenen Bildtypen einige Abweichungen oder Besonderheiten auf.

Zum einen ist diese Kleingruppe gehend unterwegs, so dass sie gegenüber dem Betrachter nicht frontal zur Ruhe kommt. Eigentlich kommt sie sogar überhaupt nicht zur Ruhe, sondern ist auf der Wanderung und durchstreift oder »durchzieht« das Bild. Nur einen kurzen Stopp legen die jungen Männer ein, und beina-

Herr Thomas, Herdorf, 1910–14

he glaubt man den Unwillen darüber zu spüren, dass sie aufgehalten und für einen Moment am Weitergehen gehindert werden. Sie wollen sich nicht als Typen oder in Rollen präsentieren, so vermeiden sie jede »Darstellung«. Viel Wichtigeres als den Augenblick der Fotografie haben sie nämlich im Kopf: den Tanz, zu dem sie im Sommer 1914 (kurz bevor sie zum Militär eingezogen werden) unterwegs sind.

Drei junge Männer, allesamt keineswegs so selbstsicher wie Herr Thomas aus Herdorf, sondern eher noch etwas verträumt und steckengeblieben im Durchgangsstadium der Jugend! Zwei sind miteinander verwandt, ihre Physiognomien lassen daran keinen Zweifel (es sind die beiden jungen Männer rechts, man hat sie vor kurzem als Vettern identifiziert). Das Verwandtschaftliche lässt sie eng nebeneinanderstehen und etwas abrücken von der dritten Figur, deren Eigenständigkeit durch die Zigarette im Mund noch etwas betont wird.

Das ungeheuer Ergreifende und Überraschende dieser Fotografie besteht aber darin, dass alle Drei ganz ähnliche Hüte tragen, ganz ähnlich gekleidet sind und ganz ähnliche Stöcke jeweils in der rechten Hand halten. Diese hochgradig irritierende Ähnlichkeit verleiht ihnen etwas Unheimliches, beinahe Abseitiges, als wären es Gestalten eines Geheimbundes, die zu einem dunklen Ritual irgendwo in einem Versteck aufbrechen. Die Gestik des Unterwegsseins und des Aufbruchs lässt die starken, beharrenden Details nur umso mehr aufblitzen: die blanken, schmucklosen Hände, die Wanderstöcke, die leicht zerbeulten Sonntagsschuhe.

So ist das eigentliche Geheimnis dieser Meisterfotografie das Changieren: Sie changiert zwischen Beharren und Aufbruch, zwischen Offenbarung und Geheimnis, zwischen Gegenwart und Zukunft. Genau dieses zentrale Moment macht sie so rätselhaft und »eigen«, dass keiner, der dieses Foto gesehen hat, es jemals wieder vergisst.

In seinem Hintergrund ist das zeitlose, stille, sich den Fotografien Sanders oft auch entziehende Land ausgestellt, das er so sehr geliebt hat. Mag sein, dass man »den Westerwald« eigentlich nicht fotografieren, sondern höchstens in Momenten »einfangen« kann. Auf der Fotografie der *Jungbauern* von 1914 besteht er aus einem nassen, holprigen, durch Steine und Grasbüschel unebenen Feldweg, einem bleichen Weidestreifen und einem dunklen Horizont mit einer Hügelkuppe.

Wer im Westerwald aufgewachsen und in ihm verwurzelt ist, »erkennt« ihn anhand genau dieser Details wie auf keinem anderen Foto August Sanders. In absoluter Beiläufigkeit und im nur angedeuteten Skizzieren der Urelemente dieser Landschaft (der nicht asphaltierte Weg, der struppige Feldrand, die Weide, der dunkle Wald) erscheint der uralte Westerwald am stärksten »getroffen«. Er ist das Land des Hintergrunds, das sich in sprachloser Bildlosigkeit letztlich entzieht und all seine Boten (Orte, Häuser, Straßen, Menschen) losschickt, präsentiert und aufbietet, um nur umso mehr verborgen und für sich zu bleiben.

Den Schluss dieses Bandes bilden Gedanken und Reflexionen, die ich aus einem festlichen Anlass vor einem großen Kreis von Westerwälderinnen und Westerwäldern vorgetragen habe. Darin habe ich zunächst noch einmal einige Daten und Informationen zusammengetragen, die »den Westerwald« als Landschaft der Übergänge profilieren.

Daraufhin habe ich versucht, typisch westerwäldische Stärken darzustellen und sie offensiv für die Zukunft ins Feld zu führen. Was also hat den Westerwald stark gemacht, wofür stehen seine besonders bekannten Gestalten und was könnte man tun, seine Stärken noch mehr zu Geltung zu bringen?

Dieses Buch habe ich mit einem »Traum von Wissen an der Sieg« eröffnet. Enden lassen möchte ich es mit einem Traum von der Zukunft des Westerwaldes, in der er seine Eigenart nicht preisgibt, sondern im Gegenteil immer deutlicher artikuliert.

1.

Ich möchte den Westerwald weiterträumen, indem ich mich auf jene drei Landkreise konzentriere, in denen ich mich vor allem aufhalte – ich meine den Landkreis Altenkirchen, den Westerwaldkreis und den Landkreis Neuwied. Historisch betrachtet, fällt auf, dass diese drei Regionen früher keine großen Herrschaftszentren ausgebildet haben. Wer von diesem nördlichen Westerwald spricht, erinnert sich nicht an bekannte Städte oder Adelsgeschlechter. Die Ursache dafür ist vor allem in den Herrschaftsansprüchen der umliegenden, stärkeren Territorien (wie Köln, Mainz oder Trier) zu suchen, die meine westerwäldischen Regionen lange beherrschten.

Mit »Westerwald« verbindet sich also beim ersten Hören kein Städte- oder Herrschaftsnetz und damit auch keine konkrete Vorstellung von räumlicher Annäherung. Welche Straßen, Wege oder welche anderen Verkehrsverbindungen in diesen Westerwald führen, wissen die meisten, die nur wenig von ihm gehört haben, nicht. Stattdessen erscheint er als eine in sich geschlossene, den vertrauten Verkehrsströmen weitgehend entzogene Landschaft und damit als ein Naturraum eigener Prägung. »Westerwald« – das ist eine Region, von der man eine bestimmte Ahnung hat, aber kein exaktes Wissen besitzt. Es ist ein Raum irgendwo in der Mitte Deutschlands, mit dessen Namen sich Zurückgezogenheit und Eigensinn verbinden.

Überprüft man diese Ahnung anhand verschiedener Karten, erkennt man, dass der Westerwald von seinen Straßen und Wegen her in der Tat ein »Durchgangsland« bildet. Die markanten Strecken dieses »Durchgangslandes« führen von der Köln-Bonner Bucht zum Limburger Becken, daneben ist die West-Ost-Verbindung von Köln Richtung Herborn, die alte Leipziger Straße, von besonderer Bedeutung. Weiter südlich schließlich sind jene Straßenverbindungen prägnant, die von Trier und Koblenz über Montabaur nach Wetzlar verlaufen.

Schaut man auf diese Straßen- und Verkehrsverläufe, so verbindet der »Westerwald« die größeren Zentren miteinander, indem er zwischen ihnen gleichsam eine Atempause markiert. Er ist stiller Raum und andererseits Überleitung, eine Landschaft, in der die verschiedensten kulturellen Impulse von außen nachwirken und eine Verbindung miteinander eingehen.

2.

Der Kulturhistoriker Hermann Josef Roth hat in seinen Forschungen zum Thema »Naturraum Westerwald« häufig betont, dass eine exakte Abgrenzung dessen, was sich hinter diesem »Naturraum« verbirgt, schwerfällt. Er hat vorgeschlagen, unter »Westerwald« ein »Gebirge im Gebirge« zu verstehen, und er meint damit, dass man den Westerwald als ein Teil-Gebirge innerhalb des größeren Rheinischen Schiefergebirges bezeichnen kann, das von den Tallandschaften von Rhein, Lahn und Sieg nicht begrenzt wird, sondern zwischen ihnen »vermittelt«.

Die Hochflächen des Westerwaldes, die immer wieder zu schmalen Flusstälern abfallen, beziehen sich in dieser Perspektive auf die umgebenden Landschaften im Westen, Osten und Süden. Im Rahmen dieser Bezüge bilden diese Flächen insofern »Besonderheiten«, als man mit ihnen Naturlandschaften von einer besonderen Urwüchsigkeit und Strenge verbindet. Daher handelt es sich hier eben nicht um die klassischen Postkarten-Landschaften mit den üblichen pittoresken Details, sondern um Höhenzüge, die sich bis jetzt eine eigene, dem Zugriff von außen noch nicht unterworfene

Kontur erhalten haben. Der »Naturraum Westerwald« hat daher etwas von Separierung und Abgeschiedenheit und damit etwas von jenem wohltuenden Selbstbezug, der nicht jede Mode und jeden Trend mitmacht.

3.

Hermann Josef Roth hat daneben auch darauf hingewiesen, dass dieser westerwäldische Selbstbezug weder durch einen einheitlichen Dialekt noch durch bestimmte, kulturhistorisch einprägsame und über viele Generationen hin vererbte Eigenheiten des Brauchtums grundiert wird. Die westerwäldischen Dialekte nehmen vielmehr Einflüsse der Nachbarregionen auf, man hört dann moselfränkische, rheinische oder hessische Akzente, so dass von einer gemeinsamen »westerwäldischen Mundart« nicht die Rede sein kann.

Dieselbe Diagnose stellt Roth beim Blick auf das Brauchtum: Es gibt auch hier keine Besonderheiten, die für den Westerwald charakteristisch wären, selbst die so genannte »Westerwälder Volkstracht« mit dem blauen Kittel, den Kniebundhosen und dem roten Halstuch ist, wie Roth ausführt, nur Folklore, die sich so auch in anderen Regionen findet und nicht auf historischem Erbe beruht.

Gleichwohl gibt es aber erzählende und auch volkskundliche Literatur, die den Westerwald zu ihrem Thema gemacht hat, es gibt die noch weitgehend ungehobenen Schätze der Sagen und anonymen Geschichten des Westerwaldes, und es gibt viele regionale Erzähler und Lyriker, die sich westerwäldischer Themen und Orte angenommen und die Geschichten dieser Orte erzählt haben. Was freilich fehlt, ist ein fundiertes Wissen von dieser Literatur, und was vor allem fehlt, ist die *eine*, große Erzählung, die die Impulse all dieser Themen und Stoffe in sich vereinigt und auch Außenstehenden ein Bild des Westerwaldes vermittelt, das sich dem literarischen Gedächtnis auf dauerhafte Weise einschreibt.

Ohne einen solchen Erzähltext dringen nur Segmente eines regionalen Raums nach außen, während er eine geradezu hypnotische Wirkung dann entfaltet, wenn Menschen mit ihm eine bestimmte »Geschichte« verbinden. Sie suchen die jeweilige Gegend in einem solchen Fall häufig auf und sondieren, sie suchen nach den Realia, die in ihren Lektüren aufgetreten sind. In solchen Fällen sind literarische Zeugnisse primäre Dokumente und Auslöser für Reisebewegungen: Leser begeben sich »auf die Spuren« von Texten und Zeugnissen, und Regionen nutzen genau das nicht selten aus, indem sie ihnen ein Netz von Verweisen anbieten.

4.

Außer der Literatur ist es natürlich die Kunst, die für eine Region oder Landschaft im Blick auf ihr Erscheinungsbild von herausragender Bedeutung ist. Was nun die Kunstlandschaft Westerwald betrifft, so hat sich auch hier kein einzelnes Objekt in überragendem Maße als »charakteristisch« erwiesen.

Es gibt die vielen, schlichten, weitgehend noch unentdeckten Dorfkirchen, manche aus romanischer Zeit.

Daneben ist die Abtei Marienstatt zu nennen, deren Erscheinung mit einer bereits hervorgehobenen Eigenheit der westerwäldischen Psyche korrespondiert: Sie liegt versteckt und trumpft nicht auf, sie ist ein Ort der Zurückgezogenheit und Stille, inmitten eines für diese Landschaft typischen Ensembles: Man muss zu einer Tallandschaft herabfahren und nach dem Besuch von Kirche und Kloster wieder auf die Hügel und Höhen hinauf.

Was nun die neuere, moderne Kunstlandschaft des Westerwaldes betrifft, so ist die Skulpturenlandschaft »Im TAL«, die der Künstler Erwin Wortelkamp seit Mitte der achtziger Jahre initiiert und entworfen hat, von herausragender Bedeutung. Ja, man kann sogar sagen, dass man an diesem in seinen Dimensionen einzigartigen Projekt so etwas wie ein gelungenes Grundmodell eines auf den Westerwald bezogenen Umgangs mit Landschaft ablesen kann.

Das TAL ist ein über zehn Hektar großer Naturraum, wie es ihn charakteristischer für die Gegend kaum geben könnte. Alle landschaftstypischen Eigenheiten sind hier vertreten: ein schmaler Flusslauf, zu Höhenkämmen ansteigende Wiesen und Felder, Hochplateaus und weite Aussichten, in sich geschlossene Wälder als Rückzugsflächen. Diesen Naturraum können die Besucher aber nur erkunden, indem sie sich zu Fuß auf und ab, über Stege, schmale Pfade und Furten bewegen. Die Landschaft ist auf zurückhaltende, minimale Weise auf Betrachter hin ausgelegt und wird ihren Bedürfnissen nicht unterworfen.

Was der Besucher, der sich dennoch auf den Weg macht, stattdessen erlebt, ist die Landschaft an sich und ihr herbes Schweigen. Es wird akzentuiert und gedeutet durch Skulpturen von über vierzig Künstlerinnen und Künstlern, die Erwin Wortelkamp eingeladen hat, sich einen für ihre Kunst jeweils geeigneten Ort im Gesamtensemble des TALS zu suchen.

Diese Einladung an die meist nicht aus dem Westerwald stammenden Künstler ist eine wesentliche Erweiterung des Modells: Der Westerwald zeigt sich zunächst in seiner Eigenart (als relativ verschlossener Naturraum) und holt, ohne gleichsam Worte zu machen, still und zurückhaltend aus, um Außenstehende an seiner Eigenart teilhaben zu lassen.

Diese Teilhabe ist – und dies ist die dritte Komponente des Wortelkampschen Modells – bezogen auf ein westerwäldisches Wohnhaus das *Alte Schulhaus* von Hasselbach. Macht man sich das klar, versteht man mehr: Ein Westerwälder (wie der Künstler Erwin Wortelkamp) arbeitet mit einer vom Naturraum Westerwald inspirierten Methodik. Er schmückt den Naturraum nicht aus, sondern stellt ihn in all seiner Schönheit und Würde so vor, dass den Außenstehenden gleichsam von selbst die Augen aufgehen. Gleichzeitig aber bleibt Wortelkamp nicht für sich, sondern öffnet das Gelände des TALS für die Außenstehenden, indem er sie einlädt und zu Teilhabern an der spezifischen westerwäldischen Gestik des verhaltenen Verweisens macht.

Zum westerwäldischen Wohnhaus (dem *Alten Schulhaus*) und dem westerwäldischen Naturraum sowie dem durch die Teilnahme von Gästen akzentuierten Kunstraum gehören noch zwei weitere wichtige Komponenten: das neben dem Schulhaus erbaute *Haus für die Kunst* und das vor kurzem eröffnete *Depositum*. Ist das *Haus für die Kunst* ein moderner Ausstellungsraum, in dem erprobt werden kann, wie sich moderne Kunst auf den Westerwald beziehen lässt und mit ihm Berührungen eingeht, so ist das *Depositum* eine Art von modernem Museum, in dem Wortelkamp Stationen seines Gesamtwerks ausstellt. Der westerwäldische Wohn-, Natur- und Kunstraum ist so auf diskrete Art um zwei Gestaltungskomponenten erweitert: um die Ausstellung und das Museum, oder, anders gesagt: um die punktuelle, auf Aktuelles zielende Präsentation sowie auf die historische Dokumentation.

5.

Ich blicke zurück: Den Westerwald verstehen wir zunächst als einen Naturraum mit einer charakteristischen, extremen Verbindung von schmalen Tal- und Flusslandschaften mit weiten Höhenplateaus. Er entfaltet eine besondere Wirkung gerade dann, wenn man seine Verhaltenheit nicht im herkömmlichen Sinn touristisch gestaltet, sondern aus sich selbst heraus zur Geltung kommen lässt. Dann kann er Funktionen eines Atemholens, aber auch eines Brückenschlagens hin zu den angrenzenden größeren und historisch einprägsameren Räumen übernehmen.

Gibt es, könnte man nun weitergehend fragen, historische Westerwälder Gestalten, deren Lebenswege solche Konstellationen einer ausstrahlenden Wirkung vor dem Hintergrund einer ursprünglichen Westerwaldherkunft herbeigeführt haben?

Die erste dieser Personen ist Friedrich Wilhelm Raiffeisen (1818–88). Raiffeisens Biografie im 19. Jahrhundert verbindet sich nämlich in geradezu prototypischer Weise mit jenen damals noch schwach besiedelten Dörfern und Städten des Westerwaldes, in denen er gewirkt und teilweise als Bürgermeister gearbeitet hat. Raiffeisen hat diese Regionen einem sozialpolitischen Blick unterzogen und Hilfsprojekte vor allem für die notleidende Agrarbevölkerung entwickelt, die weit über dieses Ursprungsterrain hinaus Geltung erhalten haben und weltweit bekannt geworden sind.

Die zweite und – gegenüber Raiffeisen – noch ungleich bedeutendere Person für die Profilierung des Naturraums Westerwald auf die bereits skizzierte Weise ist der Fotograf August Sander (1876–1964). Da ist zum einen seine Herkunft aus ärmlichen Lebensverhältnissen und zum anderen seine Hinwendung zum Medium der Fotografie, das in den zwanziger und dreißiger Jahren des zwanzigsten Jahrhunderts zu den modernsten und avanciertesten künstlerischen Medien überhaupt gehört. Mit Hilfe dieses hochmodernen Kunstmediums widmet sich August Sander dem Naturraum Westerwald und seinen Bewohnern, er holt sie aus ihrem historischen Schattendasein hervor und stellt sie, ohne sie bloßzustellen oder an den subjektiven Bildausdruck zu verraten, vor und aus.

Und das Unglaubliche, bis heute Rührende und

Wunderbare geschieht: Plötzlich treten diese scheuen, schwarz gekleideten, vor schweren Fichtenstämmen und dunklem Fachwerk zu schweigsamen Stelen gruppierten Menschen ans Licht. Die bedeutendsten Kulturtheoretiker der Weimarer Republik – wie etwa Walter Benjamin oder Siegfried Kracauer – widmen Sander und seiner »Westerwald-Kunst« ausführliche Essays, Schriftsteller wie Alfred Döblin stellen ihn vor und porträtieren ihn, und nach der Zeit des Dritten Reiches und dem Zweiten Weltkrieg setzt sich diese Publizität in noch weitaus größerem Maße fort, indem sie auf die USA übergreift und dort die großen Ausstellungen und Museen erobert.

Heute gehört August Sander zu den bedeutendsten deutschen Fotografen des zwanzigsten Jahrhunderts, seine Arbeiten liegen gut dokumentiert vor und werden überall gezeigt, vor allem aber sind sie – durch ihren besonderen, auf Sachlichkeit und »Objektivität« setzenden Gestus – sofort wiederzuerkennen. Er holte den Lebensraum Westerwald da ab, wo er noch unbekannt und fast ausschließlich von Agrarstrukturen bestimmt war, und er verband ihn mit den Medienwelten unserer Tage.

Naturraum und bewohnter Raum – die meisten Fotografien Sanders vertiefen sich in das Studium dieser Bezüge. Es ist, als hätte er den Westerwald als eine noch unentdeckte Insel inmitten eines von immer hektischeren Arbeitsverhältnissen und Industrie-Strukturen bestimmten Landes verstanden. So verlieh er seinen Insel-Bewohnern etwas Statisches, Zurückgenommenes, In-Sich-Ruhendes und Trotziges. Sie laufen den Beschleunigungen nicht hinterher und bleiben im besten Sinne »westerwäldisch«: Bewahrer von Eigenarten, Naturraum-Bewohner – unter schwierigsten, nicht zur Verklärung taugenden Bedingungen.

Das Lebenswerk Sanders schließt also eng an das Lebenswerk Raiffeisens an, beide ziehen eine markante historische Linie von der Frühzeit des neunzehnten Jahrhunderts (als man zum ersten Mal verstärkt vom »Westerwald« zu sprechen begann) bis in die Gegenwart. Hat man sich im Falle Raiffeisens inzwischen bemüht, seine Person und Biografie für eine Profilierung des Westerwäldischen zu nutzen, so könnte man sich die Beschäftigung mit dem Lebenswerk August Sanders noch intensiver vorstellen. Was vor allem fehlt, ist ein größeres, ihm gewidmetes Museum, das die Fotografien in seiner Heimat ausstellt.

Dann wäre der Westerwald als »August Sander-Land« erkennbar, und der Naturraum Westerwald hätte sich zu den Ikonen seiner Darstellung bekannt und sie vor den Augen der Welt (wiederum verhalten) in Szene gesetzt.

6.

Manchmal träume ich davon, dass die heutigen Bewohner des Westerwaldes noch mehr als bisher dazu beitragen würden, seine Eigenarten zu profilieren. Dann sehe ich lauter Leuchtpunkte, die vom Keramik-Museum in Höhr-Grenzhausen über das TAL in Hasselbach und das »Landschaftsmuseum Westerwald« in Hachenburg bis nach Hamm, dem Geburtsort Raiffeisens, und Herdorf, dem Geburtsort Sanders, reichen, im Siegener Museum für Gegenwartskunst enden und damit eine profilierte West-Ost-Verbindung darstellen.

Denkbar wäre auch eine Linie von Leuchtsignalen, die von Köln / Bonn über Siegburg und Hennef bis zunächst nach Wissen und dann weiter auf Herdorf und Siegen zu verlaufen und die Geschichte des Eisenbergbaus und der siegerländischen Eisenerz- und Stahl-Industrie historisch erläutern und in mehreren Erinnerungsstätten und kleineren musealen Einrichtungen dokumentieren würde.

Museen, Erinnerungsstätten, volkskundliche und sprachlich-dialektale Netzwerke, die den Naturraum Westerwald als profiliertes Territorium sichtbar machen, seine Städte und Ortschaften miteinander verbinden und kulturelle Wege und Zusammenhänge erschließen würden – das wären wichtige Schritte, um dem bloßen Naturraum ein historisch geweitetes, fundiertes Gedächtnis zu erschließen. Hinzukommen müssten Aktivitäten, die der Region neue, auch von außen kommende Impulse zuführen.

Im Jahr 2001 habe ich selbst in Wissen mit sehr bescheidenen Mitteln begonnen, *Westerwälder Literaturtage* ins Leben zu rufen. Jedes Jahr habe ich, meist bezogen auf die Themenstellung des jeweiligen Kultursommers Rheinland-Pfalz, Autorinnen und Autoren nach Wissen eingeladen. Seit 2012 finden diese zunächst nur an einem einzigen Ort veranstalteten

Lesungen und Gespräche, die viele Gäste vor allem aus dem Rhein- und Siegerland mit dem Westerwald bekannt machten, in den oben bereits genannten drei Landkreisen zugleich statt.

Ein Traum, die punktuelle Belebung meiner Heimatregionen durch Literaturveranstaltungen, ist also bereits in Erfüllung gegangen. Was fehlt, sind Ort und Raum für eine umfangreiche *Westerwald-Bibliothek*, in der die gesamte Westerwald-Literatur (Bücher, Zeitschriften, Zeitungen etc.) der letzten Jahrhunderte gesammelt und zugänglich gemacht würde. Der Westerwald hätte dann zugleich auch ein literarisches Zentrum, das die Literatur-Aktivitäten der Region koordinieren würde. Gerade dieser Traum ist manchmal so intensiv, dass ich ihn bis in einzelne, konkrete Bilder in regelmäßigen Abständen träume.

Ich betrete einen hellen, an einer Wand holzgetäfelten, weiten Raum, und ich schaue auf die Fluchten der Regale, die sich ins Unendliche zu verlieren scheinen. Eine Bibliothekarin kommt mir entgegen, und ich glaube, die Züge meiner Mutter zu erkennen, die von Beruf Bibliothekarin war und die katholische Pfarrbücherei von Wissen an der Sieg leitete …

7.

Und die Kunst? Oh ja, auch davon träume ich sehr konkret. In den Dorfkirchen und kleinen Kapellen des Westerwaldes sehe ich dann ein einziges Bild oder eine einzige Skulptur, die den jeweiligen Raum in einen Ort der Kunst-Meditation verwandeln würde. Dann erkenne ich den nördlichen Westerwald punktiert von solchen Objekten und erfasst in einem kleinen »Kunstatlas«, an dem sich die Besucher orientieren könnten. Zugleich mit der Geschichte des dargestellten Objekts würde ja auch von jenen Bauten und Räumen erzählt, die das fremde Objekt beherbergen: Der Westerwald als Gastgeber, der seine eigenen, starken Valenzen im Kontrast mit denen von außerhalb ins Spiel bringt.

Das alles wären Aktivitäten der hellen und wärmeren Tage. Ich träume aber auch von den kälteren, winterlichen. In einem kleinen Wohnhaus in Hamm sehe ich abends Licht, denn dort sitzt ein junger Schriftsteller, den die Gemeinde Hamm für die Dauer des Winters zum *Westerwälder Winterschreiber* bestellt hat. Und in Hachenburg, da leuchtet es ebenfalls, denn dort arbeitet eine junge Künstlerin in einem Atelier, das ihr die Stadt Hachenburg während der Wintermonate zur Verfügung stellt, während die Stadt Altenkirchen einen jungen Komponisten für einige Monate eingeladen hat, um dort auf den Westerwald bezogene Musik zu komponieren.

Die *Westerwälder Winter-Stipendien* würden Jahr für Jahr junge Schriftsteller, Künstler, Musiker und Filmemacher in die Ortschaften des Westerwaldes locken. Ihre Arbeit vor Ort würde man dokumentieren und publizieren. Stipendiaten ausgerechnet jeweils für einen Winter einzuladen – auf diese Idee ist noch kaum eine Stadt und kein Landstrich gekommen, natürlich nicht, es handelt sich eben um eine typische Westerwald-Idee.

Sie passt, sie hat etwas für sich, jeder, der den Westerwald kennt und liebt, weiß, wie stark diese Landschaft gerade im Winter ist, wie frei und monochrom ihre weiten Flächen mit den schwarzen Zaun- und Strauch-Markierungen dann wirken und wie hinreißend und beeindruckend sich diese Landschaft mit jedem Meter Schnee mehr in ein ästhetisches Landschaftsensemble verwandelt.

Und so träume ich ein letztes Mal und sehe: Kammermusik am Dreifelder Weiher, eine Lesung auf dem Marktplatz von Hachenburg, ein einziges Gemälde von Mark Rothko in der Heister-Kapelle von Schönstein, und einen Auftritt von Martin Stadtfeld: wie er in einer großen Scheune nahe Herdorf ein Konzert mit Werken von Robert Schumann und Johann Sebastian Bach zu Ehren von August Sander gibt.

Die SALA ORTHEIL habe ich im Herbst 2019 in Wissen/Sieg eröffnet (Mittelstraße 16). Früher war sie ein Modeladen im Zentrum der Stadt, nur wenige Meter entfernt von meinem mütterlichen Großelternhaus und dem früheren Baugeschäft meines Großvaters, in dessen Büro sich heute eine Buchhandlung befindet.

Den großen Raum habe ich entkernen und renovieren lassen, er strahlt an den Wänden jetzt in schlichtem Weiß und hat einen ochsenblutroten, glatten Boden. Keine Pfeiler und Pfosten, keinerlei Unterteilungen, sondern ein Raumganzes von etwa achtzig Quadratmetern.

An den Wänden hängen etwa fünfzig Fotografien aus der fotografischen Sammlung meiner Eltern – Fotos ihrer Geburts- und früheren Wohnhäuser (in Wissen), ältere Fotos von der Stadt, genealogische Fotos von den beiden elterlichen Familien, denen ich entstamme, sowie Fotos von dem Kind, das ich einmal war.

Es sind »Herzensbilder«, die ich ausgewählt habe, weil jedes von ihnen eine Anregung für mein Schreiben bedeutete und in einem meiner Bücher eine inspirierende Rolle spielt.

Außerdem stehen in der SALA einige ältere Möbel aus dem Möbellager der Familie, so etwa die Berliner Wohnzimmereinrichtung meiner Eltern aus den sechs Jahren nach 1939, ein Sofa, zwei Sessel, ein Tisch, ein Küchenbüfett, eine Uhr, ein Radio. Sie markieren eine

Vergangenheit, der ich mich in meinen Büchern *Hecke, Blauer Weg* und *Die Berlinreise* erzählend genähert habe.

Daneben gibt es zwei Glasvitrinen: eine mit meinen Schreibmaschinen (seit den fünfziger Jahren) und eine mit meinem Kinderspielzeug und den Gipsabgüssen von Händen bekannter Klaviervirtuosen (Chopin und Liszt).

Schließlich noch zwei Regale: eins mit Büchern der elterlichen Bibliothek und eins mit jenen von mir selbst geschriebenen Büchern, die sich auf meine westerwäldische Herkunft beziehen.

Ein kleiner Schreibtisch steht zwischen ihnen, er ist das Zitat der Arbeit, die all diese Materialien miteinander verbindet. Darüber hinaus ist er aber auch ein Möbelstück, das in die Zukunft verweist.

An diesem Schreibtisch sitze ich dann und wann und schreibe und verwandle den Raum dadurch in ein Arbeitszimmer, dessen unterschiedliche imaginative Welten mich inspirieren.

Im Italienischen gibt es für all das ein schönes Wort: *Studiolo* … – was so viel meint wie »kleines Studio« oder »Imaginarium« (hätte Roland Barthes gesagt). In einem *Studiolo* arbeitet ein Schriftsteller, umgeben von Bildern und Gegenständen, die er liebt, an seinen Werken. Dahin zieht er sich oft zurück, so dass der Raum den Charakter einer Klause erhält und sein dort stattfindendes Leben in eine Klausur verwandelt.

Ein solcher Raum wird dann und wann aber auch für Freunde, Gäste oder Gesprächspartner geöffnet. Auch das ist eine Aufgabe der SALA: ein privates Studio mit imaginativem Charakter zu sein, andererseits aber auch ein öffentlicher Salon, in dem ich Menschen aus aller Welt und aus der näheren Umgebung empfange.

Mit vielen habe ich mich seit der Eröffnung der SALA bereits unterhalten und manche Gespräche aufgezeichnet. Die meisten kreisen um Ortsgeschichten des städtischen Raumes von Wissen, in dem wir uns während unserer Unterhaltungen befinden. Sie erzählen, wie »es früher war und heute ist« – charakteristisches Erleben eines Raumes durch sehr verschiedene Menschen und Charaktere.

Andere blenden über zu allgemeineren Themen der Zeit: Wie erleben wir unsere Gegenwart, wie informieren wir uns, wem sind wir nahe, wie gestalten wir unsere Tage?

Als Ganzes ist die SALA eine zeitlich und räumlich ausholende Installation: Sie inszeniert private Räume des persönlichen Erinnerns, um zu privaten Erzählungen über andere Räume und Zeiten vorzudringen. Was ich darüber notiere und aufschreibe, soll zumindest teilweise einmal veröffentlicht werden – als Dokumentation über das Innenleben eines von mir initiierten westerwäldischen Projekts, das es in dieser Form kein zweites Mal gibt.

Mein Traum von Wissen an der Sieg, Nachdruck von: *Mein Traum von Wissen an der Sieg* (Einzelpublikation). Wissen an der Sieg 2009

Die Westerwälder Herkunft, aus: *Das Element des Elephanten. Wie mein Schreiben begann.* München 1994, S. 7–22

Wie es »ganz früher« auf dem Land zuging, aus: *Hecke.* Roman. Frankfurt/Main 1983, S. 119–22

In der Dorfkirche, aus: *Fermer.* Roman, Frankfurt / Main 1979, S. 184–6

Ankunft auf dem Land, aus: *Die Erfindung des Lebens.* Roman. München 2009, S. 148–51

Leben auf dem Land, aus: *Die Erfindung des Lebens.* Roman. München 2009, S. 157–62

Das Sprechen- und Lesenlernen, aus: *Die Erfindung des Lebens.* Roman. München 2009, S. 189–94

Schreibenlernen auf dem Land, aus: *Der Stift und das Papier. Roman einer Passion.* München 2015, S. 7f.

Wovon die Menschen reden, aus: *Der Stift und das Papier. Roman einer Passion.* München 2015, S. 47–54

Expeditionen in der Umgebung, aus: *Der Stift und das Papier. Roman einer Passion.* München 2015, S. 189–200

Der Hausbau, aus: *Die Erfindung des Lebens.* Roman. München 2009, S. 291–8

Schwimmenlernen, aus: *Was ich liebe und was nicht.* München 2016, S. 235–8

Blumen pflücken, aus: *Was ich liebe und was nicht.* München 2016, S. 65–8

Im Garten, aus: *Was ich liebe und was nicht.* München 2016, S. 277–82

Die Übernahme des Gartens, aus: *Was ich liebe und was nicht.* München 2016, S. 282–7

Vögel im Garten, aus: *Was ich liebe und was nicht.* München 2016, S. 287–9

Zu Fuß unterwegs: Erstveröffentlichung (erweiterte Neuauflage)

Mit dem Rad unterwegs: Erstveröffentlichung (erweiterte Neuauflage)

Das Landschaftsmuseum Westerwald: Erstveröffentlichung (erweiterte Neuauflage)

Wäller Platt 1–3: Erstveröffentlichung (erweiterte Neuauflage)

Die Alte Vogtei in Hamm an der Sieg: Erstveröffentlichung

Eine Abtei im Westerwald, aus: *Was ich liebe und was nicht.* München 2016, S. 296–300

Ein TAL im Westerwald, aus: *Was ich liebe und was nicht.* München 2016, S. 303–5

Im TAL ankommen, aus: *Beschreibung von Erwin Wortelkamps TAL bei Hasselbach im Westerwald.* Witten 2000, S. 1–13

Ein Haus für August Sander, aus: *August Sander. Der Westerwald im Spiegel der Zeit,* hrsg. von der Kreisverwaltung Altenkirchen und der Sparkasse Westerwald-Sieg in Zusammenarbeit mit der Photographischen Sammlung/SK Stiftung Kultur, Köln. Altenkirchen 2016, S. 66f.

August Sander, der Westerwald, seine Bewohner und ich, Nachdruck von: *August Sander, seine Bewohner, der Westerwald und ich,* hrsg. von der Kreisverwaltung Altenkirchen und der Kreissparkasse Altenkirchen. Altenkirchen 2009

August Sanders Gesichter des Westerwaldes, aus: *August Sander. Der Westerwald im Spiegel der Zeit,* a. a. O., S. 11–17

Den Westerwald weiterträumen: Erstveröffentlichung

Die SALA ORTHEIL: Erstveröffentlichung (erweiterte Neuauflage)

Autor und Verlag danken dem Luchterhand Literaturverlag für die großzügig erteilten Abdruckgenehmigungen.

BILDNACHWEIS

S. 159 Peter Lindlein: Haus für August Sander, 1986
S. 166 August Sander: Jungbauern, 1914
S. 179 August Sander: Bäuerin, 1912
S. 180 August Sander: Die Familie in der Generation, 1912
S. 195 Imogen Cunningham: August Sander, 1960
S. 196 August Sander: Selbstbildnis, 1911
S. 201 August Sander: Das Dorf Ratzert, 1920er/30er Jahre
S. 201 August Sander: Hachenburg, 1932

S.202 August Sander: Westerwälder Dorf, 1926/27
S.203 August Sander: Motiv bei Lahrbach, alter Teil, 1913
S.203 August Sander: Gehöft Rosenberg, Daufenbach, 1913
S.204 August Sander: Bauernhaus, vor 1914
S.204 August Sander: Kleinbauernhof, um 1920
S.207 August Sander: Der blühende Eingang zur Stadt Altenkirchen, 1920er/30er Jahre
S.207 August Sander: Dorfstraße zu Puderbach, 1920er Jahre
S.208 August Sander: Familie Enders, Idelberg im Nistertal, 1912
S.211 August Sander: Heinrich Wardenbach, Imhausen, 1910–12
S.212 August Sander: Witwe Abel mit ihrer Tochter, Kettenhausen, 1920
S.215 August Sander: Gustav Gansauer mit seiner Braut Bertha Fuchs, Kocherscheid, 1925/26
S.216 August Sander: Förster Holzbach, 1910–14
S.219 August Sander: Herr Thomas, Herdorf, 1910–14

INHALT

Im Westerwald *7*
Mein Traum von Wissen an der Sieg *11*
Die Westerwälder Herkunft *27*
Das bäuerliche Leben *34*
Sprechenlernen, Lesenlernen, Schreibenlernen *50*
Feldforschung auf dem Land *59*
Der Hausbau und das neue Leben *80*
Zu Fuß unterwegs *108*
Mit dem Rad unterwegs *119*
Oasen im Westerwald *126*
Über August Sander, den Fotografen des Westerwaldes *165*
Den Westerwald weiterträumen *222*
Die SALA ORTHEIL *237*

Quellenverzeichnis *241*
Bildnachweis *243*

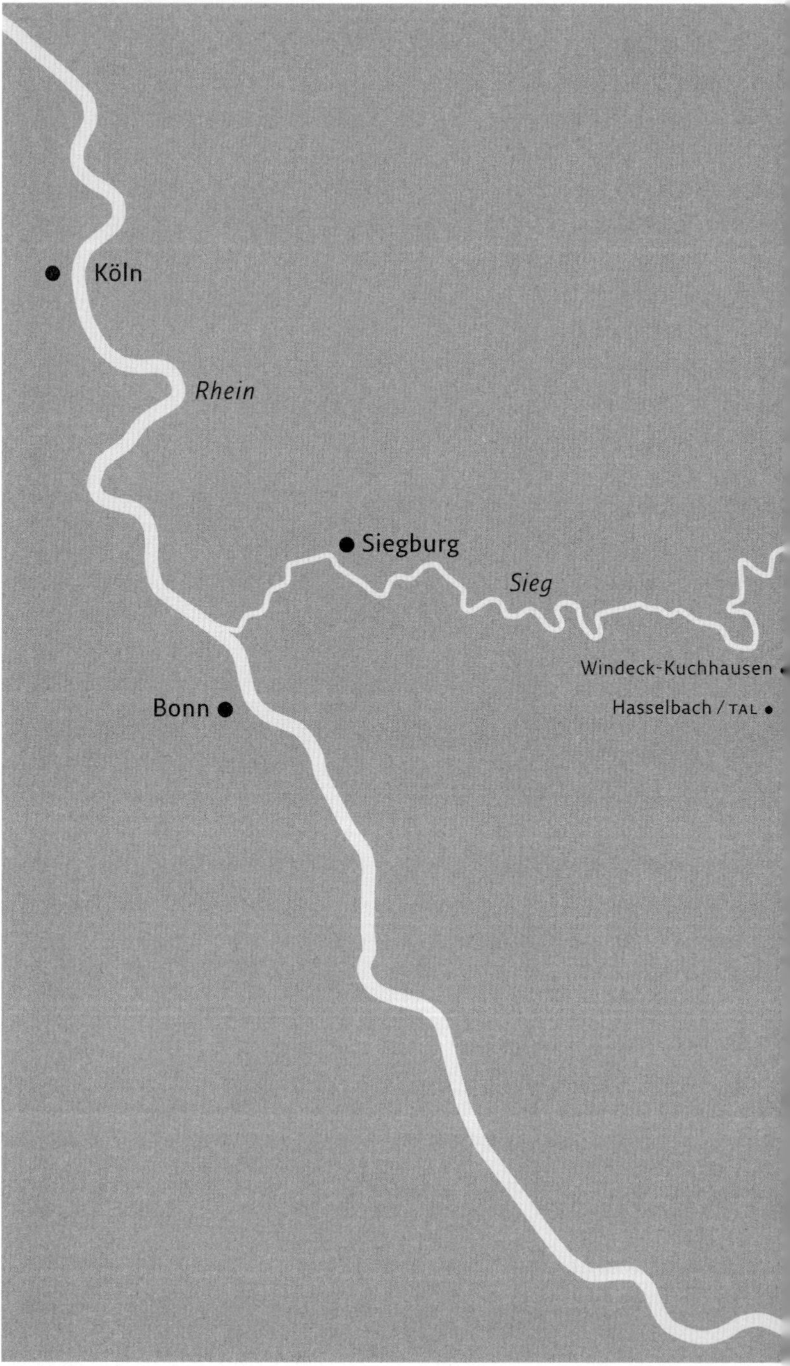
Köln
Rhein
Siegburg
Sieg
Windeck-Kuchhausen
Bonn
Hasselbach / TAL

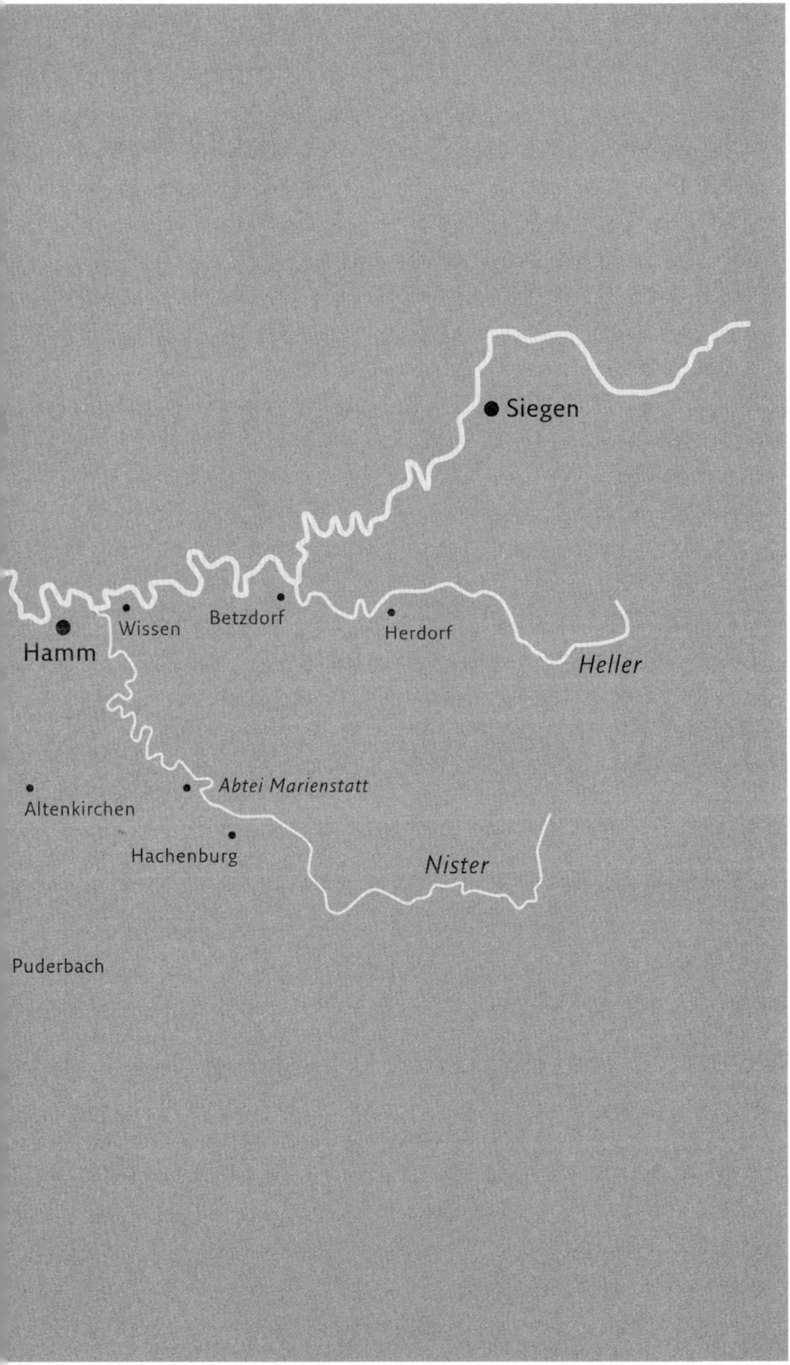

Siegen
Hamm
Wissen
Betzdorf
Herdorf
Heller
Abtei Marienstatt
Altenkirchen
Hachenburg
Nister
Puderbach

NF 119/1/1.12

Riesling, Eltville, Rheinsteig – Eva Demski führt uns durch ihren Rheingau

Der Rheingau ist die Heimat der Großmutter und das Ferienland ihrer Kindheit: Eva Demski kennt die Wiege der Weinromantik von Kindesbeinen an und zeigt uns ihren ganz persönlichen Rheingau: Sie erzählt von Weinbau und Lebenskunst sowie Reiz und Schrecken dieser sagenumwobenen Landschaft. Kulturtragendes Handwerk, Romantik, Dramatik und Naturschauspiel bilden die Bühne für Eva Demskis empfindsames Buch über eine der spannendsten Landschaften Deutschlands. Persönlich, poetisch – ein literarischer Genuss.

»Ein reichhaltiges, gleichermaßen kluges wie amüsantes Reisebuch.« *Süddeutsche Zeitung*

Eva Demski, Rheingau. insel taschenbuch 4219. 125 Seiten

NF 278/1/8.15

Eva Demskis Liebeserklärung an Frankfurt

Eine Weltstadt, die aus Dörfern besteht, das ist Frankfurt. Viel gescholten als kalter Bankenplatz, sucht die Stadt andere Rollen und findet sie auch. Sie will zum Beispiel grün sein und glamourös, das eine schafft sie ganz gut, das andere nicht. Frankfurt ist für viele Menschen eine Durchgangsstation, in der sie nach Jahrzehnten plötzlich erstaunt feststellen: Ich bin ja geblieben!
Eva Demski ist es genauso gegangen. Aus unzähligen Erkundungen, Wegbeschreibungen, Ortsterminen, Porträts, Pamphleten und Liebeserklärungen ist ein Frankfurt-Buch geworden, ohne Anspruch auf Vollständigkeit, aber mit Überraschungen. Vergessene Parks und das Mainufer mit Max Beckmanns Blick, wenig Goethe, dafür seine Mutter und die Freundin Marianne von Willemer umso eingehender, selbstbewusste Hässlichkeiten und schüchterne Schönheiten, Veränderungswahn und Bewahrungsmühen – all das und mehr kennzeichnet die Stadt, von der Eva Demski einmal gesagt hat, sie liebe sie »wie einen hässlichen Hund« – was nichts anderes heißt als: ganz besonders.

Eva Demski, Frankfurt ist anders. Mein Stadtplan. Herausgegeben von Wolfgang Schopf. insel taschenbuch 4278. 269 Seiten

NF 279/1/8.15

Eine Liebeserklärung an das alte Herz von Paris

Hanns-Josef Ortheil durchstreift das alte »Paris, links der Seine« mit dem Blick eines Flaneurs von heute und erlebt seine verführerischen Winkel abseits von den touristischen Ecken auf intensive Weise neu.
Seit Jahrhunderten haben die Straßen von Saint-Germain-des-Prés sowie die Terrains rund um das Quartier Latin Künstler, Musiker und Schriftsteller aus aller Welt in ihren Bann gezogen. Auf kleinem Raum entstand eine einzigartige, lebendige Atmosphäre, die vom intellektuellen Milieu der Pariser Universität ebenso lebte wie von den Salons, Ateliers, Studios und Cafés der künstlerischen Moderne. Sie ließ jenes für Paris typische Lebensgefühl eines melancholisch durchtränkten Glücks entstehen, das in den Pariser Chansons besungen wurde und das Ernest Hemingway in seinen Skizzen *Paris – ein Fest fürs Leben* beschrieben hat.

Hanns-Josef Ortheil, Paris, links der Seine. Mit zahlreichen Fotografien von Lukas Ortheil. insel taschenbuch 4709. 314 Seiten.

NF 463/1/3.19

NF 533/1/2.22